Kohlhammer

Der Autor

Prof. i. R. Dr. Klaus Sarimski war Psychologe am Kinderzentrum München und Professor für sonderpädagogische Frühförderung an der Pädagogischen Hochschule in Heidelberg.

Klaus Sarimski

Rett-Syndrom

Behandlung, pädagogische Förderung, Alltagsbewältigung

Verlag W. Kohlhammer

Dieses Werk einschließlich aller seiner Teile ist urheberrechtlich geschützt. Jede Verwendung außerhalb der engen Grenzen des Urheberrechts ist ohne Zustimmung des Verlags unzulässig und strafbar. Das gilt insbesondere für Vervielfältigungen, Übersetzungen, Mikroverfilmungen und für die Einspeicherung und Verarbeitung in elektronischen Systemen.

Die Wiedergabe von Warenbezeichnungen, Handelsnamen und sonstigen Kennzeichen in diesem Buch berechtigt nicht zu der Annahme, dass diese von jedermann frei benutzt werden dürfen. Vielmehr kann es sich auch dann um eingetragene Warenzeichen oder sonstige geschützte Kennzeichen handeln, wenn sie nicht eigens als solche gekennzeichnet sind.

Es konnten nicht alle Rechtsinhaber von Abbildungen ermittelt werden. Sollte dem Verlag gegenüber der Nachweis der Rechtsinhaberschaft geführt werden, wird das branchenübliche Honorar nachträglich gezahlt.

Dieses Werk enthält Hinweise/Links zu externen Websites Dritter, auf deren Inhalt der Verlag keinen Einfluss hat und die der Haftung der jeweiligen Seitenanbieter oder -betreiber unterliegen. Zum Zeitpunkt der Verlinkung wurden die externen Websites auf mögliche Rechtsverstöße überprüft und dabei keine Rechtsverletzung festgestellt. Ohne konkrete Hinweise auf eine solche Rechtsverletzung ist eine permanente inhaltliche Kontrolle der verlinkten Seiten nicht zumutbar. Sollten jedoch Rechtsverletzungen bekannt werden, werden die betroffenen externen Links soweit möglich unverzüglich entfernt.

1. Auflage 2024

Alle Rechte vorbehalten
© W. Kohlhammer GmbH, Stuttgart
Gesamtherstellung: W. Kohlhammer GmbH, Stuttgart

Print:
ISBN 978-3-17-045171-1

E-Book-Formate:
pdf: ISBN 978-3-17-045172-8
epub: ISBN 978-3-17-045173-5

Inhalt

Vorwort		7
1	Diagnose: Rett-Syndrom	13
2	Individuelle Variabilität im Entwicklungsverlauf	24
3	Kognitive, kommunikative und adaptive Kompetenzen	43
4	Behandlungsansätze und ihre Wirksamkeit	65
5	Diagnostische Praxis	91
6	Förderung alternativer Kommunikationsformen	109
7	Pädagogische Förderung in der Schule	126
8	Bewältigung der Herausforderungen in der Familie	144
Literatur		159

Vorwort

Im Jahr 1983 war ich im Kinderzentrum München, einem Sozialpädiatrischen Zentrum mit stationärer Abteilung, als Stationspsychologe beschäftigt. Zusammen mit meinem ärztlichen Kollegen nahmen wir ein Mädchen namens Tatjana auf. Die Eltern berichteten in der Anamnese einen dramatischen Verlauf der Entwicklung ihrer Tochter. Diese habe in den ersten beiden Lebensjahren ganz unauffällig gewirkt. Dann habe sie plötzlich die Worte, die sie schon sprechen konnte, nicht mehr produzieren, ihre Hände nicht mehr gezielt zum Spielen, Essen oder anderen Alltagstätigkeiten einsetzen können. Sie habe unvermittelt zu schreien begonnen und sei auch nachts sehr unruhig gewesen, sei oft aufgewacht, habe geschrien, manchmal auch unmotiviert gelacht.

Statt zu spielen, habe sie stereotype Bewegungen mit den Händen entwickelt, sie in der Körpermitte zusammengeführt, geklatscht, eine Hand zum Mund geführt, dann dieses Bewegungsmuster fast ununterbrochen wiederholt. Sie habe diese Bewegungen auf Ermahnungen oder Ansprache nicht steuern können, obwohl sie am sozialen Kontakt interessiert schien und häufig Blickkontakt zu den Eltern gesucht habe. Diese Stereotypien beherrschten sie nach Auskunft der Eltern bis zu dem Tag, als wir sie mit etwas über drei Jahren in die Klinik aufnahmen. Schreien und nächtliche Unruhe hätten mittlerweile nachgelassen, Sprechen und ein gezielter Handgebrauch seien ihr aber weiterhin nicht möglich.

Dieses Entwicklungs- und Verhaltensmuster Tatjanas war für mich und meinen ärztlichen Kollegen rätselhaft. Es wurden neurologische Untersuchungen durchgeführt, mit der die damals bekannten degenerativen Erkrankungen ausgeschlossen werden konnten, die mit einem Verlust bereits erworbener Fähigkeiten aufgrund hirnorganischer Abbauprozesse einhergehen – ohne ein klärendes Ergebnis. Als verhaltenstherapeutisch geschulter Psychologe versuchte ich, Bedingungen zu identifizieren, unter denen die Handstereotypien variierten. Die funktionale Verhaltensanalyse zeigte keine Zusammenhänge mit bestimmten Aktivitäten im Alltag oder der Anwesenheit von unterschiedlichen Bezugspersonen. Sie traten auf, wenn das Mädchen allein im Raum war, wenn man ihr Spielangebote auf einem Tisch vorbereitete, wenn man ihr kleine Aufgaben stellte, wenn man gar nicht auf die Stereotypien einging oder wenn man sie nachdrücklich ermahnte, die Hände still zu halten. Wenn man ihre Hände für kurze Zeit festhielt und dann wieder losließ, intensivierten sich die Stereotypien. Es wirkte, als ob sie diese aus innerem Drang »nachholen« müsse.

Über mehrere Wochen versuchten wir, die exzessiven Handstereotypien mit intensiven verhaltenstherapeutischen Programmen zu modifizieren. Die Lehrbücher empfahlen dazu eine Kombination aus differenzieller Verstärkung kleiner Ansätze zu gezielten Handbewegungen (z. B. Berühren von Spielzeug) mit einer Unterbrechung der Stereotypien (z. B. durch Festhalten einer Hand). Mehrmals täglich durchgeführte, ausgedehnte Übungen brachten keinen Erfolg. Die Verhaltensprotokolle, die angefertigt wurden, zeigten allenfalls eine Reduzierung der Häufigkeit der Stereotypien während der Übungen und dann eine Zunahme ihrer Häufigkeit in der Zeit unmittelbar nach dem Ende der Übungssitzung.

Wir blieben ratlos und konnten Tatjana nicht helfen. Ihre Eltern fühlten sich mit der Situation völlig überfordert und entschieden sich für eine Anmeldung in einer Heimeinrichtung. Wir begleiteten sie bei dieser Entscheidung und dem Übergang Tatjanas an diesen neuen Wohnort. Auf dem Entlassungsbericht stand »Diagnose unbekannt«.

Dass keine Diagnose gestellt werden konnte, war nicht mangelndem Bemühen unseres Teams um eine Klärung der Ursache geschuldet. Mein ärztlicher Kollege war ein junger, sehr engagierter Arzt, der später eine Ausbildung zum Kinder- und Jugendpsychiater abschloss, viele Jahre eine entsprechende Klinik leitete und für einige Zeit zum Vorsitzenden der Fachgesellschaft der Kinder- und Jugendpsychiater gewählt wurde. Die Diagnose war damals unter Ärzt:innen schlicht nicht bekannt: das Rett-Syndrom.

Professor Andreas Rett, ein Wiener Neuropädiater, hatte im Jahr 1966 einen Fallbericht veröffentlicht, in dem er mehrere Mädchen mit einem

Entwicklungsverlauf, wie die Eltern ihn von Tatjana berichteten, und ähnlichen Verhaltensmerkmalen beschrieb. Es handelte sich um eine kleine Publikation in einem österreichischen Verlag, die wenig beachtet wurde. Die Fachöffentlichkeit wurde auf diese Entwicklungsstörung erst aufmerksam, als Professor Bengt Hagberg in Schweden im Jahr 1983 mit Bezug auf die Erstbeschreibung durch Andreas Rett weitere 35 Fälle in einer internationalen Fachzeitschrift beschrieb. Als wir einige Zeit später diesen Fachartikel lasen, war uns klar: Tatjana war ein Mädchen mit Rett-Syndrom.

In den folgenden Jahren meiner Tätigkeit als klinischer Psychologe im Kinderzentrum München habe ich etwa zehn Mädchen mit Rett-Syndrom kennengelernt und ihre Familien ein Stück weit auf ihrem Weg begleitet. Auch als Professor an der Pädagogischen Hochschule in Heidelberg (2007–2021) habe ich mich weiter mit den besonderen Bedürfnissen von Mädchen mit dieser Entwicklungsstörung beschäftigt und Studierende der Sonderpädagogik auf sie – und die spezifischen Entwicklungs- und Verhaltensmerkmale bei anderen genetischen Syndromen – aufmerksam zu machen versucht.

Die Einschränkungen in den Handlungsfähigkeiten, der Verlust bereits erworbener Fähigkeiten, die begleitenden Verhaltensauffälligkeiten und körperlichen Probleme stellen für die betroffenen Mädchen und ihre Eltern eine ganz außerordentlich hohe Belastung dar. Sie bedeuten eine sehr schwere Einschränkung der Möglichkeiten zur sozialen Teilhabe, wie sie sonst nur bei Kindern mit schwerster intellektueller Behinderung vorkommt. Mädchen mit Rett-Syndrom unterscheiden sich jedoch in ihrem Verhaltensphänotyp sowie ihrem Lernpotenzial von Kindern mit schwerster intellektueller Behinderung – dies machten viele Eltern aus ihren Alltagsbeobachtungen deutlich und wurde in den letzten Jahren durch wissenschaftliche Untersuchungen vielfach belegt (▶ Kap. 3). Auch innerhalb der Gruppe der Mädchen mit Rett-Syndrom gibt es erhebliche individuelle Unterschiede in der Ausprägung von Verhaltensmerkmalen und in den kognitiven und kommunikativen Fähigkeiten, die sie zeigen können.

Das komplexe Krankheitsbild stellt bis heute eine Herausforderung dar – für Kinderärzt:innen und Humangenetiker:innen, Therapeut:innen, Pädagog:innen und Familien, in denen ein Mädchen mit Rett-Syndrom aufwächst. Die Forschung konzentrierte sich auf die Klärung der genetischen Ursache, die Möglichkeiten einer medikamentösen Behandlung der Symptome, die Wirksamkeit von Physio-, Ergo-, Sprachtherapie und anderen Behandlungsmaßnahmen sowie spezifische Ansätze zur pädagogischen Förderung.

Das dadurch gewonnene syndromspezifische Wissen ist in deutscher Sprache bisher nur in begrenztem Maße zugänglich. Eine ältere Publikation stammt von einer schwedischen Kollegin, Barbro Lindberg. Sie veröffentlichte zunächst in englischer Sprache ein Fachbuch zu ihren Erfahrungen, das dann auch übersetzt und in einem kleinen österreichischen Verlag publiziert wurde (Lindberg, 1991). Ein Sammelband zu Möglichkeiten der Unterstützten Kommunikation bei Mädchen mit Rett-Syndrom wurde von Braun et al. (2014) vorgelegt. Die Fachzeitschrift der Gesellschaft für Unterstützte Kommunikation enthielt über die Jahre hinweg immer wieder einzelne Fallberichte zu den Erfahrungen, die Eltern von Mädchen mit Rett-Syndrom bei der Anbahnung von alternativen Kommunikationsformen machten. Ein berührendes Buch erschien schließlich von Leslie Malton (2015), einer deutsch-amerikanischen Schauspielerin, in dem sie die Geschichte ihrer Beziehung zu ihrer Schwester mit Rett-Syndrom schildert – die sie »Das Mädchen mit den sprechenden Augen« nennt.

Ich selbst habe in Zusammenarbeit mit dem Eltern-Selbsthilfeverband in Deutschland eine Studie zur individuellen Variabilität des Verhaltensphänotyps, zu den kommunikativen Fähigkeiten und den familiären Belastungen beim Rett-Syndrom durchgeführt und in zwei Fachartikeln im Jahr 2003 veröffentlicht (Sarimski, 2003a, b). In den verschiedenen Auflagen meines Buches »Entwicklungspsychologie genetischer Syndrome« (zuletzt 4. Auflage, 2014) habe ich u. a. das Wissen um die Entwicklungsbesonderheiten des Rett-Syndroms zusammengestellt, das für Pädagog:innen und Psycholog:innen von Bedeutung ist, wenn sie Kinder mit dieser Entwicklungsstörung und ihre Familien begleiten.

Rüdiger Retzlaff, ein Kollege aus der Universitätsklinik Heidelberg, hat 2006/2007 eine umfangreiche qualitative und quantitative Studie zu der Frage publiziert, wie es Eltern gelingt, diese besondere Herausforderung möglichst gut zu bewältigen. Auf der Basis dieser Erfahrungen hat er – selbst Vater einer Tochter mit Rett-Syndrom – ein Buch veröffentlicht, in dem es um die Lebenssituation von Familien geht, in denen ein Kind mit einer solch schweren Behinderung aufwächst. Er beschreibt darin die Grundlagen für eine ressourcenorientierte Beratung aus systemischer Sicht, wie Familienmuster und Einstellungen gestärkt werden können, die ein erfülltes Leben »trotz alledem« ermöglichen (Retzlaff, 2016[3]).

Die umfangreichste Quelle zur Information für Eltern stellt bis heute das »Rett-Syndrom Handbuch« dar, das von der »International Rett Syndrome Association« im Jahr 2007 in zweiter Auflage zusammengestellt wurde und über die »Elternhilfe für Kinder mit Rett-Syndrom Deutschland e. V.« (www.rett.de) auch in deutscher Sprache erhältlich ist. Dieses Handbuch wendet sich primär an Eltern und enthält eine Fülle von Einzelinformationen zu allen Aspekten dieser Entwicklungsstörung, illustriert mit zahlreichen kurzen Berichten und Beobachtungen von Eltern von Mädchen mit Rett-Syndrom.

In den letzten Jahren haben sich zahlreiche Forschungsgruppen mit der individuellen Variabilität der Entwicklungs- und Verhaltensmerkmale beim Rett-Syndrom, der Wirksamkeit therapeutischer Ansätze sowie der Analyse von kognitiven und kommunikativen Fähigkeiten und ihrer Förderung beschäftigt. Neue technologische Möglichkeiten, vor allem die Nutzung von elektronischen Kommunikationsgeräten durch Augensteuerung (Eye-Tracking-Technologie), haben Wesentliches dazu beigetragen, das Wissen um diese Entwicklungsstörung zu erweitern.

Ich habe mich gefreut, dass der Kohlhammer Verlag meine Anregung aufgegriffen hat, dieses Wissen auf aktuellem Stand in deutscher Sprache zugänglich zu machen. Das Buch richtet sich an (Sonder-)Pädagog:innen, Psycholog:innen und Therapeut:innen, die sich mit den Bedürfnissen und dem Lern- und Entwicklungspotenzial von Mädchen mit Rett-Syndrom vertraut machen möchten. Es soll dazu beitragen, die Unterstützung der Mädchen in der Familie, in Kindertagesstätten und in Schulen möglichst gut auf diese Bedürfnisse abzustimmen.

Dabei geht es nur einleitend um genetische und medizinische Aspekte des Syndroms. Im Mittelpunkt stehen vielmehr die Befunde zu therapeutischen Möglichkeiten, insbesondere zur Erweiterung der kommunikativen Fähigkeiten, und Empfehlungen zur Integration der spezifischen Forschungsergebnisse in die Praxis der Förderung. Vorschläge zur diagnostischen Einschätzung der Fähigkeiten von Mädchen mit Rett-Syndrom und Erfahrungen zum Belastungserleben von Eltern ergänzen diese Darstellung. Ich hoffe, dass dieser Band dazu beitragen wird, dass Mädchen mit Rett-Syndrom eine möglichst spezifische Unterstützung für ihre Entwicklung erhalten.

München, im Frühjahr 2024   Prof. i. R. Dr. Klaus Sarimski

1 Diagnose: Rett-Syndrom

Der Wiener Neuropädiater Professor Andreas Rett (1924–1997) beschrieb im Jahr 1966 erstmals eine schwere Entwicklungsstörung bei acht Mädchen, die nach einer Periode scheinbar unauffälliger Entwicklung im ersten Lebensjahr einen (zumindest partiellen) Verlust von sprachlichen und kommunikativen, fein- und grobmotorischen Fähigkeiten erlitten und stereotype Handbewegungen entwickelten, die er als »Waschbewegungen« bezeichnete. Die Publikation von Rett (1966) erschien in einer österreichischen Reihe und fand zunächst wenig Beachtung. Die Diagnose wurde dann von Doktor Hagberg und seinem Team aus Schweden (Hagberg et al., 1983) anhand der Beschreibung von 35 Fällen in einem Beitrag zu den viel gelesenen »Annals of Neurology« einer internationalen Fachöffentlichkeit bekannt gemacht und das Erscheinungsbild der Erkrankung von ihm nach dem Erstbeschreiber als Rett-Syndrom benannt.

Diagnosekriterien und Verlaufsstadien

Es handelt sich um eine schwere neuropathologische (aber nicht degenerative) Störung, für deren Diagnose nach der »Rett Syndrome Diagnostic Criteria Work Group« (revidierte Form; Neul et al., 2010) vier Hauptkriterien gelten:

- Partieller oder vollständiger Verlust von bereits erworbenen Fähigkeiten zum Handgebrauch

1 Diagnose: Rett-Syndrom

- Partieller oder vollständiger Verlust von bereits erworbenen Fähigkeiten zur sprachlichen Verständigung
- Störung der Bewegungsabläufe (Dyspraxie) oder Verlust der Fähigkeit zum freien Laufen
- Stereotype Handbewegungen

Ausschlusskriterien sind eine nachgewiesene Hirnschädigung oder eine wesentlich auffällige psychomotorische Entwicklung in den ersten sechs Lebensmonaten. Weitere Auffälligkeiten gelten als unterstützende, aber nicht obligatorische körperliche Diagnosemerkmale:

- Verlangsamung des Kopfwachstums
- Störungen der Atmungsregulation (periodische Apnoen, intermittierende Hyperventilation, Anhalten der Luft, forciertes Ausatmen)
- Epileptische Anfälle oder EEG-Abnormitäten
- Spastizität oder erhöhter Muskeltonus
- Gastrointestinale Probleme
- Periphere vasomotorische Störungen
- Reduzierte Reaktion auf Schmerzen
- Skoliose
- Wachstumsretardierung

Das Rett-Syndrom kommt (fast) nur bei Mädchen und Frauen vor. Der Entwicklungsverlauf lässt sich in vier Stadien gliedern. Nach zunächst unauffällig erscheinender Entwicklung (Stufe I) kommt es im Alter zwischen sechs und 18 Monaten zu einer regressiven Phase, die mit dem Verlust bereits erworbener Fähigkeiten, der Entwicklung exzessiver Handstereotypien, Störungen der motorischen Steuerung und Phasen der besonderen Irritierbarkeit mit unmotiviertem Lachen oder Schreien in der Nacht einhergeht (Stufe II). Zwei Mütter beschreiben die Veränderungen so:

> »Bald nach ihrem ersten Geburtstag war sie innerhalb von ein paar Wochen total verändert. Sie wurde inaktiv und sehr ruhig, hörte auf zu spielen und zu plaudern und die paar Worte, die sie schon gelernt hatte, verschwanden wieder. Sie fürchtete sich vor allem – Geräusche, Frem-

den, Wasser und überhaupt vor allen möglichen Veränderungen. Wenn sie sich erschreckte, begann sie zu schreien, hysterisch und untröstlich. Wenn man versuchte, sie aufzunehmen, blieb sie verzweifelt und versuchte mit Gewalt loszukommen. Sie konnte auch nicht mehr auf einem Stuhl sitzen, sie musste auf dem Boden essen. Nur im Bett und mit ihrer Puppe fühlte sie sich sicher.« (zit. nach Lindberg, 1991, S. 22, Übers. K. S.)[1]

»Sie hörte von einem Tag zum anderen auf zu greifen – wenn man ihr einen Löffel in die Hand gab, tat sie so, als ob der heiß wäre.« (zit. nach Lindberg, 1991, S. 22)

Nach dieser Regressionsphase, die sich auf die Zeitspanne zwischen acht Monaten und viereinhalb Jahren erstrecken kann, kommt es zu einem Entwicklungsplateau, einer Stabilisierung der Emotionen und des Verhaltens der Mädchen, oft verbunden mit einer leichten Verbesserung des Umweltinteresses (Stufe III). Eine Mutter:

»Ashley hat, wenn auch langsam, Fortschritte in den Bereichen Kommunikation, Aufmerksamkeit und soziale Fähigkeiten gemacht. Sie kann immer noch gehen, hilft beim Anziehen, indem sie die Arme hebt und die Ärmel anstreift, und hilft beim Essen und Trinken. Sie kann das Besteck mit dem darauf befindlichen Essen nehmen, es in den Mund führen, essen und das Besteck zurücklegen. Sie hilft mit, in der Hand ein Glas zu halten und auf die Toilette zu gehen.« (zit. nach Hunter, 2007, S. 8, Übers. K. S.)

In dieser Phase beginnen die Mädchen in gewissem Maße die Residualfunktionen zu nutzen und wieder ein etwas größeres Interesse an ihrer Umwelt zu entwickeln. Sprachfähigkeiten bessern sich etwas; so plappern die Mädchen oft wieder und einige sind in der Lage, Wortteile zu benutzen, die für die jeweilige Situation relevant sind. Kein Mädchen mit klassischem Rett-Syndrom kommt aber über dieses einfachste Sprachniveau

---

1 Auch alle folgenden Zitate aus Quellen, die bei der ersten Nennung mit »Übers. K. S.« gekennzeichnet sind, wurden vom Autor übersetzt.

wieder hinaus. Auch wenn sich lautsprachlich keine Fortschritte einstellen, verbessert sich die Interaktion nach dem Eindruck der Eltern vor allem durch gezieltere intentionale Blickausrichtung. Die stereotypen Handbewegungen werden dagegen intensiver und störender. Eine Mutter beschreibt die Art der Handlungen ihrer Tochter so:

> »Sie steht vor ihrem Spielzeugregal, schaut und schaut, hyperventiliert, knirscht mit den Zähnen, reibt intensiv ihre Hände an den Daumen und ist am ganzen Körper steif und gespannt. Schließlich gelingt es ihr – manchmal – eine Hand von dem stereotypen Bewegungsmuster freizubekommen und dann schlägt sie auf ein Ding, so dass es zu Boden fällt. Vielleicht wollte sie es nehmen, aber es wurde ein Hinschlagen daraus. Vielleicht wollte sie damit spielen, aber in ihrer Unfähigkeit konnte sie es nur streifen und sobald sie das Ding berührt, ist die Bewegung zu abrupt und zu schnell, sie wirft es hinunter, anstatt es zu ergreifen.« (zit. nach Lindberg, 1991, S. 36)

Bei einem Teil der Mädchen tritt später eine Verschlechterung der körperlichen Symptomatik (Verlust der selbständigen Fortbewegung, Zunahme einer Skoliose und vegetativer Dysfunktionen; Stufe IV) ein. Die Verschlechterung betrifft allerdings nur die motorischen Bereiche, während das kognitive Niveau stabil ist und sich der interpersonale Kontakt wieder bessern kann. Anfälle, Stereotypien und dysfunktionale Atmung nehmen ab. Eine Mutter erzählt:

> »Alice konnte bis zu ihrem zwölften Lebensjahr alleine laufen und bis zu ihrem fünfzehnten Lebensjahr mit Hilfe. Dann begann sie, sehr zu zittern im Stehen, und begann sich dann zu weigern, Gewicht zu übernehmen. Sie stellt intensiven Augenkontakt her und scheint alle Aktivitäten um sie herum zu erfassen. Wegen Kontrakturen in den Armen macht sie nicht mehr so viel Handstereotypien. Sie scheint glücklicher zu sein. Sie hat mehr Spaß als je zuvor in ihrem Leben und genießt es, mit Menschen zusammen zu sein und Ausflüge zu unternehmen.« (zit. nach Hunter, 2007, S. 9)

Prävalenz

Die Prävalenz des Rett-Syndroms liegt bei etwa 1:10.000. Die Autor:innen der umfangreichsten Studie zur Auftretenshäufigkeit dieses Syndroms berichteten in Australien eine Inzidenz von 1.09 auf 10.000 Mädchen im Alter von zwölf Jahren (Laurvick et al., 2006a). Petriti et al. (2023) werteten in einer Übersichtsarbeit zehn epidemiologische Studien aus acht europäischen Ländern, Australien und Hongkong aus. In diesen Studien wurden 673 Mädchen und Frauen mit Rett-Syndrom unter einer Gesamtpopulation von fast 10 Millionen diagnostiziert. Die Prävalenzdaten schwankten deutlich, lagen aber in sieben der zehn Studien zwischen fünf und zehn Fällen auf 100.000. Die Autor:innen errechneten aus den Studien eine durchschnittliche Prävalenz von 0.71:10.000.

Für Deutschland ist auf der Grundlage dieser Studien davon auszugehen, dass – bei einer Geburtenrate von ca. 750.000 – jedes Jahr 60–75 Mädchen zur Welt kommen, bei denen sich im Entwicklungsverlauf ein Rett-Syndrom ausbildet. Das würde – über einen Zeitraum von 18 Jahren bis zur Volljährigkeit – eine Zahl von über 1.000 Mädchen bedeuten. In der (ersten und ältesten) deutschen Eltern-Selbsthilfegruppe (»Elternhilfe für Kinder mit Rett-Syndrom – Rett Deutschland e. V.«) sind derzeit etwa 700 Familien organisiert.

Das Syndrom tritt bei Jungen nur in seltenen Ausnahmefällen auf. In einer Übersichtsarbeit von Reichow et al. (2015) wurden 57 Fälle beschrieben, in denen bei Jungen das klinische Bild dem Rett-Syndrom entsprach. »Männliches Geschlecht« ist somit kein grundsätzliches Ausschlusskriterium für die Diagnose eines Rett-Syndroms. Auch wenn in den letzten Jahren weitere Jungen mit der dem Rett-Syndrom zugrunde liegenden genetischen Veränderung identifiziert wurden, tritt diese bei Jungen offenbar sehr selten auf.

Genetische Ursache

Die klinische Diagnose eines Rett-Syndroms lässt sich durch eine genetische Untersuchung bestätigen. Amir et al. (1999) entdeckten, dass bei den meisten Mädchen und Frauen mit Rett-Syndrom eine Mutation im MECP2-Gen vorliegt. Dieses Gen reguliert die Transkription von Proteinen, die für die Differenzierung, Reifung und Erhaltung der Neurone und Synapsen in der postnatalen Entwicklung eine wichtige Rolle spielen. Der pathogenetische Mechanismus, wodurch Mutationen im MECP2-Gen die neurologischen Dysfunktionen bei Mädchen und Frauen mit Rett-Syndrom bedingen, ist jedoch bisher nicht vollständig aufgeklärt.

Allerdings ist das Vorliegen dieser Mutation selbst nicht ausreichend, um die Diagnose zu stellen, da sie auch mit anderen Entwicklungsstörungen einhergehen kann. In weiteren Forschungsarbeiten wurden zudem verschiedene andere Genveränderungen bei einem kleineren Teil der Mädchen und Frauen mit Rett-Syndrom festgestellt. Da Genotyp und Phänotyp somit nicht vollständig übereinstimmen, bleibt es dabei, dass die Diagnose des Rett-Syndroms sich primär auf die klinischen Kriterien stützen muss (Neul et al., 2010).

Atypische Formen des Rett-Syndroms

Die Diagnose einer atypischen Form des Rett-Syndroms (»Rett-Varianten«) wird gestellt, wenn eine Regressionsphase eingetreten ist sowie zwei der vier obligatorischen Kriterien und fünf der unterstützenden Kriterien vorliegen (Neul et al., 2010). Es handelt sich dabei um Mädchen, bei denen entweder grobmotorische Fähigkeiten oder sprachliche Ausdrucksmöglichkeiten in gewissem Maße erhalten bleiben. Eine Mutter eines Mädchens mit einer atypischen Form des Rett-Syndroms berichtet:

»Molly ist drei Jahre alt und hatte immer tollen Blickkontakt. Sie sagt etwa zehn neue Wörter pro Monat. Die Worte sind immer der Situation angemessen, aber nicht konsistent... Molly kann fast laufen und kann ihre Hände gezielt bewegen, einen Zangengriff verwenden, bevorzugt aber einen offenen Griff. Sie kann beim Ausziehen und Anziehen helfen, Hosen hoch und runter ziehen, wenn sie aufs Töpfchen geht.« (zit. nach Hunter, 2007, S. 15)

Unter den atypischen Formen lässt sich ein leichterer und ein schwerer Verlauf unterscheiden. Sie werden nach ihren Erstbeschreibern als Zappella-Form (mit erhaltenen sprachlichen Fähigkeiten) bzw. Rolando-Form (congenitale Form) oder Hanefeld-Form (mit frühem Auftreten einer Epilepsie) bezeichnet. Bei diesen atypischen Formen wurden teilweise Mutationen an anderen Genen statt des MECP-2 Gens identifiziert.

In einer nationalen Erhebung in den USA in 819 Familien, in denen Mädchen und Frauen mit Rett-Syndrom aufwuchsen, wurde die Diagnose eines klassischen Rett-Syndroms bei 85 % der Fälle gestellt, bei 14.6 % eine atypische Form (Neul et al., 2008). Bei 95 % der Mädchen und Frauen mit klassischem Rett-Syndrom ließ sich eine Mutation im MECP2-Gen nachweisen. In 3–5 % der Fälle lag keine Mutation dieses Gens vor; in diesen Fällen finden sich häufig Veränderungen am CDKL5-Gen oder FOXG-1-Gen, in einzelnen Fällen auch eine Vielzahl von Mutationen an anderen Genorten (Ehrhart et al., 2018; Gold et al., 2018). Die Form, bei der bereits früh epileptische Anfälle auftreten, ist meist mit einer CDKL5-Mutation assoziiert, die Form, bei der sprachliche Funktionen erhalten bleiben, mit einer FOXG1-Mutation (Neul et al., 2014).

Entwicklungsverlauf in den ersten Lebensmonaten

In den letzten Jahren wurde von mehreren Arbeitsgruppen die ursprüngliche Annahme in Frage gestellt, dass die Entwicklung von Mädchen, bei denen später das Rett-Syndrom diagnostiziert wird, in den ersten sechs bis 18 Monaten unauffällig verläuft (Einspieler & Marschik, 2019). Dazu wurden private Videoaufzeichnungen analysiert, die Eltern von Mädchen gemacht hatten, bei denen sich später das Rett-Syndrom ausbildete. Es fanden sich nur in den ersten sechs Monaten keinerlei Auffälligkeiten. Ab der zweiten Hälfte des ersten Lebensjahres zeigten sich bei diesen Mädchen ein Verlust der Reaktion auf den eigenen Namen, atypische Vokalisationsmuster und ein verzögerter Übergang zu ersten Gesten. Diese Befunde sprechen dafür, dass bereits vor der Phase der Regression erste Zeichen auf neurologische Dysfunktionen hindeuten, die jedoch unspezifisch sind, sodass eine Früherkennung der komplexen Störung zu diesem Zeitpunkt noch nicht möglich ist.

Rett-Syndrom und Autismus-Spektrum-Störung

Die klinischen Merkmale des sozialen Rückzugs der Mädchen, der ausgeprägten Irritierbarkeit (verbunden mit Schreien, Weinen oder unangemessen wirkendem Lachen) und der Entwicklung von Stereotypien legten es zunächst nahe, das Syndrom dem Autismus-Spektrum zuzuordnen. Daher wurde das Rett-Syndrom in älteren Versionen des DSM-IV als Untergruppe der Autismus-Spektrum-Störung klassifiziert. Die Ähnlichkeiten betrafen vor allem die vorübergehenden Verhaltensänderungen in der Regressionsphase.

Nach der Regressionsphase zeigen sich bei den meisten Mädchen deutliche Unterschiede im Verhaltensphänotyp im Vergleich zu Kindern mit einer autistischen Störung. Mädchen mit Rett-Syndrom zeigen Interesse am sozialen Kontakt, suchen z. B. den Blickkontakt zu ihren Bezugspersonen, scheinen aber in ihren Handlungsfähigkeiten so blockiert, dass keine soziale Interaktion zustande kommt (Munde et al., 2016). Ihre Stereotypien sind wesentlich häufiger, ausgeprägter und rhythmischer als bei Kindern mit einer autistischen Störung und sie beziehen keine Gegenstände in stereotype Handlungen ein. Nur bei wenigen Mädchen mit einer atypischen Form des Rett-Syndroms sind auch im weiteren Verlauf autistische Symptome zu beobachten (Kaufmann et al., 2012). Aufgrund dieser Befunde wird in der aktuellen Version des DSM-V das Rett-Syndrom nicht mehr als Subdiagnose der Autismus-Spektrum-Störung geführt.

Auswirkungen auf die Beteiligung an Alltags- und Lernaktivitäten

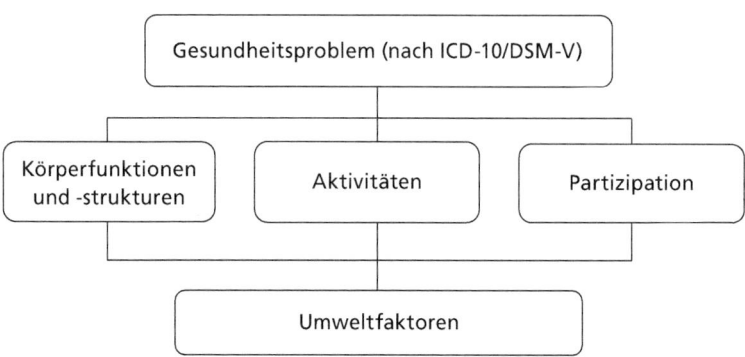

Abb. 1: Wechselwirkungen zwischen den Komponenten der ICF

Nach dem bio-psycho-sozialen Modell von Behinderungen, das dem System der »Internationalen Klassifikation der Funktionsfähigkeit, Behinderung und Gesundheit« (ICF) zugrunde liegt, sind Beeinträchtigungen der Körperfunktionen in ihren Auswirkungen auf die Beteiligung an Aktivitäten und Partizipation und im Kontext von Umweltfaktoren zu betrachten, die diese soziale Beteiligung beeinflussen (▶ Abb. 1).

Die neurologischen Dysfunktionen, die beim Rett-Syndrom vorliegen, haben gravierende Auswirkungen auf die Möglichkeiten der Mädchen und Frauen, sich an Aktivitäten zu beteiligen. Dazu gehören die Einschränkungen in den grob- und feinmotorischen Fähigkeiten (Dyspraxie bzw. Apraxie), Handstereotypien, Schwierigkeiten bei der sensorischen Verarbeitung, reduzierte Aufmerksamkeit und erhöhte Ängstlichkeit, aber auch die eingeschränkten oral-motorischen Fähigkeiten, Probleme der Atemregulation, irreguläre Schlafmuster und gastrointestinale Störungen. Eine Mutter erzählt:

»Es scheint, dass Lisa das, was sie sieht, nicht verarbeiten und gleichzeitig betrachten kann. Sie sieht etwas, das ihr wirklich gefällt, schaut dann eine Weile weg, dann wieder dorthin. Es kam uns immer sehr seltsam vor, als Lisa zum ersten Mal zu laufen begann. Wir mussten immer noch ihre Hand festhalten. Sie schloss die meiste Zeit, während wir auf dem Bürgersteig gingen, die Augen. Aber sie wusste immer, wann wir wieder am Straßenrand ankamen.« (zit. nach Hunter, 2007, S. 133)

Die Handstereotypien und der vollständige oder partielle Verlust der Fähigkeit zum Handgebrauch macht es den Mädchen schwer oder unmöglich, Gegenstände zu greifen, auf Bilder zu zeigen, Hebel und Tasten gezielt zu bedienen oder Gesten einzusetzen. Die Dyspraxie bzw. Apraxie macht es ihnen unmöglich, motorische Handlungen gezielt zu initiieren und zu koordinieren, oder sie benötigen zumindest sehr viel mehr Zeit dazu als andere Kinder. Daher sind die Mädchen auch bei der Bewältigung von alltäglichen Anforderungen, z. B. beim Essen oder beim An- und Ausziehen, in hohem Maß auf die Unterstützung ihrer Bezugspersonen angewiesen. Das bedeutet nicht, dass sie die jeweilige Aufgabe nicht verstehen, sondern das Problem liegt in der Ausführung der Handlung bei der jeweiligen Aufgabe.

Die eingeschränkten grobmotorischen Fähigkeiten erschweren die Exploration der Umwelt und die Möglichkeiten, Interaktionen mit anderen zu initiieren. Hypotonie und Hypertonie beeinträchtigen eine stabile

Körperhaltung, unwillkürliche Spasmen und Kontraktionen können auftreten und Schmerzen verursachen. Die Blockade motorischer Handlungen bringt es auch mit sich, dass Mädchen mit Rett-Syndrom sich nicht oder nur in sehr eingeschränkter Form lautsprachlich verständigen und an einem Dialog mit ihren Bezugspersonen beteiligen können.

Zusätzlich können Störungen der Atemregulation die Reaktionen und sozialen Interaktionen blockieren, ebenso gastro-intestinale Störungen, die den Mädchen Unbehagen oder Schmerzen verursachen. Schlafstörungen können die allgemeine Aufmerksamkeit und Konzentrationsfähigkeit tagsüber reduzieren. Die Steuerung der Aufmerksamkeit kann auch durch häufige epileptische Anfälle, Nebeneffekte von Medikamenten, unzureichende Ernährung oder eine erhöhte Schwelle für sensorische Anregungen beeinträchtigt sein.

2 Individuelle Variabilität im Entwicklungsverlauf

Seit der Erstbeschreibung des Syndroms sind zahlreiche Veröffentlichungen erschienen, die eine erhebliche Variabilität in der Ausprägung der körperlichen Symptome und des Verhaltensphänotyps beim Rett-Syndrom zeigen. Sie reicht von schwersten Beeinträchtigungen beim klassischen Bild bis zu relativ leichten Verläufen bei der atypischen Variante des Rett-Syndroms, bei der sprachliche Funktionen erhalten bleiben. Auch unter den Mädchen mit klassischer Form des Rett-Syndroms variieren die Ausprägung von körperlichen Beeinträchtigungen und die Fähigkeiten der Mädchen beträchtlich. Das Wissen um diese individuelle Variabilität ist für eine differenzierte Planung von Behandlungs- und Fördermaßnahmen von Bedeutung.

Variabilität des Entwicklungsverlaufs

Neul et al. (2014) analysierten Daten zum Entwicklungsverlauf von 542 Mädchen und Frauen mit der klassischen Form des Rett-Syndroms und 96 Mädchen und Frauen mit einer atypischen Form in den USA. Fast alle Eltern berichteten, dass ihre Töchter vor Einsetzen der Regressionsphase grundlegende motorische Fähigkeiten (z. B. Rollen, sich Aufsetzen, Greifen und Halten einer Flasche) sowie vorsprachliche Fähigkeiten (z. B. Fixieren, soziales Lächeln, Plappern) erreicht hatten. Von den Mädchen mit klassischer Form des Rett-Syndroms erreichten jedoch nur 53 % vor der Regression das freie Laufen, 74 % den Pinzettengriff und 77 % erste Worte.

Nach der Regressionsphase blieb bei 40–50 % der Mädchen die Fähigkeit zum freien Laufen bis ins Erwachsenenalter erhalten, 10–20 % konnten dauerhaft den Pinzettengriff einsetzen, 25–45 % selbständig essen und 10–20 % Silbenkombinationen oder Worte bilden.

In der englischen »National Survey of Rett Syndrome« wurden die Angaben der Eltern von 93 Mädchen und Frauen mit Rett-Syndrom aus vier Altersgruppen (5–11 Jahre, 12–17 Jahre, 18–25 Jahre, über 26 Jahre) zu begleitenden gesundheitlichen Problemen ausgewertet (Cianfaglione et al., 2015a). Bei 75 % lag das Rett-Syndrom in klassischer Form vor, bei 20 % eine atypische Form und bei 4 % eine andere Variante der MECP-2-Mutation. Bei einem großen Teil, aber nicht bei allen Mädchen und Frauen mit Rett-Syndrom traten zusätzlich gesundheitliche Beeinträchtigungen auf. Etwa 80 % der Mädchen und Frauen entwickelten ein Anfallsleiden, meist am Ende der Repressionsphase oder danach. Bei etwa 25 % kommt es täglich oder mindestens einmal in der Woche zu Anfällen. Gastro-intestinale Probleme – ein gastro-ösophagealer Reflux, Luftschlucken (»air swallowing«) mit Bauchblähungen oder eine chronische Verstopfung – wurden von etwa 60 % berichtet. Ebenfalls etwa 60 % der Mädchen und Frauen entwickelten zudem eine Skoliose; bei 30 % erforderte dies einen operativen Eingriff. Schließlich zeigten sich bei vielen Mädchen und Frauen Störungen der Atemregulation mit Hyperventilation (58 %), Perioden des Anhaltens des Atmens (77 %) sowie Schlafstörungen (61 %).

Die Angaben der Eltern zu den Fähigkeiten ihrer Tochter zum Zeitpunkt der Befragung zeigten – wie in der Erhebung, die in den USA durchgeführt wurde – eine beträchtliche Variabilität. Bei 15 % war die Möglichkeit zum sprachlichen Ausdruck erhalten geblieben, allerdings verfügten nur wenige dieser Mädchen über 30 oder mehr Worte. 53 % der Mädchen behielten die Fähigkeit, ihre Hand gezielt nach einem Gegenstand auszustrecken, oder erlangten sie im weiteren Verlauf wieder; 35 % konnten ein Objekt auch festhalten. 37 % waren in der Lage, selbständig zu laufen, 53 % konnten mit Unterstützung laufen.

Probleme bei der Nahrungsaufnahme

Oddy et al. (2007) und Motil et al. (2012) analysierten in einer Übersichtsarbeit die Befunde zum Wachstum und zu Ernährungsschwierigkeiten bei Mädchen und Frauen mit Rett-Syndrom. Bei 45 % liegen die Wachstumsmaße mindestens zwei Standardabweichungen unter dem Altersdurchschnitt, bei 38 % besteht ein klinisch bedeutsames Untergewicht (BMI < 5. Perzentile). Bei 20–28 % ist eine Ernährung über eine Sonde erforderlich, um eine ausreichende Ernährung und das Wachstum zu sichern und Aspiration zu vermeiden. Schwierigkeiten bei der Ernährung aufgrund von oralen Dysfunktionen werden bei mehr als 80 % berichtet. Dazu gehören Schwierigkeiten beim Kauen und Schlucken (56 % bzw. 43 %) und Hochwürgen von Nahrung (27 %). Etwa 20 % haben auch Schwierigkeiten beim Trinken von Flüssigkeiten. 60 % benötigen zerdrückte oder pürierte Nahrung.

Fast alle Mädchen und Frauen mit Rett-Syndrom sind beim Essen auf Unterstützung angewiesen und können nicht selbständig essen. Die meisten Eltern berichten zwar, dass ihre Töchter einen guten Appetit haben, dass aber intensive Hilfen nötig sind, damit eine ausreichende Menge aufgenommen wird, und die Mahlzeiten aufgrund ihrer langen Dauer belastend sind. 62 % der Eltern geben an, dass die Mahlzeiten mindestens 30–60 Minuten dauern. Fast alle Eltern berichten zudem, dass sie für ihre Töchter eine spezifische Nahrungszusammensetzung (Nahrungsergänzungsmittel, Vitamin- und Mineralergänzungspräparate) verwenden.

Larsson et al. (2005) und Lavas et al. (2006) analysierten die Probleme bei der Nahrungsaufnahme und den Verlauf der Entwicklung. Zum Zeitpunkt der Befragung vermochten 18 % selbständig oder mit gelegentlicher Unterstützung zu essen, 61 % waren aber vollständig darauf angewiesen, gefüttert zu werden. Nur 5 % lernten das selbständige Essen neu nach der Regressionsphase. Drei Patientinnen wurden mit einer Sonde ernährt. Die Abbildung 2 zeigt die verschiedenen Essprobleme, die bei den Mädchen und Frauen auftraten. Vor allem bei den Patientinnen, die nicht kauen konnten, Schwierigkeiten hatten, aus der Tasse zu trinken, häufig aspirierten oder die Nahrung wieder erbrachen, musste die Nahrungskonsistenz entsprechend angepasst werden. Eine erhöhte Aspirationsneigung ging signifikant häufiger auch mit Atemregulationsproblemen (unregelmäßige Atmung, Apnoen, Hyperventilation) einher.

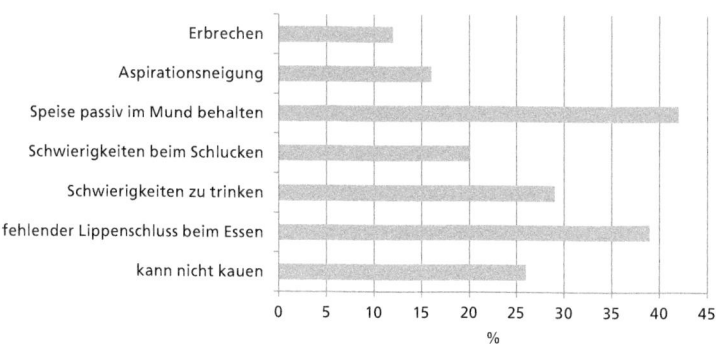

Abb. 2: Probleme der Nahrungsaufnahme bei 125 Mädchen und Frauen mit Rett-Syndrom (Lavas et al., 2006)

Störungen der Atemregulation

Atemregulationsstörungen mit Hyperventilation, Unterbrechungen der Atemtätigkeit und Luftanhalten für 30–40 Sekunden, z. T. bis zu zwei Minuten, gehören ebenfalls zu den ungewöhnlichen Verhaltensweisen, die beim Rett-Syndrom zu beobachten sind. Sie treten verstärkt im Alter zwischen fünf und zehn Jahren auf und nehmen im Erwachsenenalter ab. Es handelt sich dabei offenbar um physiologische Veränderungen, die als Ausdruck einer Entwicklungsstörung von Hirnstammarealen erklärt werden, die es den Mädchen nicht erlaubt, die Atmung adäquat zu regulieren (Julu et al., 2001). Sie sind Teilaspekte einer allgemeinen Störung der Regulation von para- und sympathischer Aktivität, die sich auch in anderen körperlichen Phänomenen niederschlägt (kalte Füße, erweiterte Pupillen). Die Atemregulationsstörungen treten nur im Wachzustand auf, sind aber nicht unter der willkürlichen Kontrolle der Mädchen. Sie sind ausgeprägter, wenn die Mädchen aufgeregt sind, und gehen manchmal mit plötzlichen Stimmungsänderungen oder plötzlichem Schreien einher. Mackay et al. (2017) werteten die Daten aus internationalen Studien aus, die sich auf Störungen der Atemregulation bezogen. Es lagen Angaben von 413 Eltern vor. Anhalten der Atmung wurde von 69 %, Hyperventilation von 46 % und Aufblähen des Bauches von 42 % der Eltern angegeben. Die Hyperventilation trat eher bei jüngeren Mädchen auf, das Aufblähen des Bauches bei erwachsenen Frauen. Etwa ein Drittel der Eltern betrachteten die Störungen der Atemregulation als ein Problem, das den Alltag in beträchtlichem Maße belastet.

Schmerzwahrnehmung

Barney et al. (2015) untersuchten die Schmerzwahrnehmung bei Mädchen und jungen Frauen mit Rett-Syndrom. In Fragebögen, die die Eltern ausfüllten, und bei direkter Beobachtung in Untersuchungssituationen zeigten fast alle Schmerzreaktionen. Solche Schmerzreaktionen traten auf im Kontext von gastro-intestinalen Störungen, orthopädischen Problemen oder epileptischen Anfällen und ließen sich an Lautäußerungen, Mimik, steifen Bewegungen, Appetitverlust, Irritierbarkeit oder Suche nach sozialem Schutz erkennen. Obwohl die Ausdrucksformen von Schmerz im Einzelfall nicht leicht erkennbar sind, muss daher davon ausgegangen werden, dass Mädchen und Frauen mit Rett-Syndrom Schmerzen wahrnehmen und eine entsprechende medizinische Behandlung der gesundheitlichen Probleme, die ihnen zugrunde liegen, angezeigt ist.

Schlafstörungen

Schlafstörungen werden bei 70–80% der Mädchen und Frauen mit Rett-Syndrom berichtet (Young et al., 2007). Ihre Form unterscheidet sich von Kindern mit Ein- und Durchschlafschwierigkeiten bei unbeeinträchtigter Entwicklung. Im frühen Kindesalter erwachen sie häufig in der Nacht und beginnen z. T. unmotiviert zu lachen, knirschen mit den Zähnen oder schreien. Mit zunehmendem Alter werden die Nachtschlafzeiten kürzer und es kommt zu kurzen Schlafphasen tagsüber. Ausgeprägte Schlafprobleme beeinflussen das Verhalten der Kinder tagsüber und stellen für die Eltern ebenfalls eine hohe zusätzliche Belastung dar.

> Die komplexen medizinischen Probleme, die mit dem Rett-Syndrom verbunden sind, erfordern einen multi-disziplinären Behandlungsansatz. Zu den Aufgaben des bzw. der Neuropädiater:in gehören die Kontrolle und medikamentöse Behandlung der Probleme der Atemregulation, der kardiologischen Probleme, der Konstipation sowie der epileptischen Anfälle. Eine kompetente medizinische Begleitung finden Eltern von Mädchen mit Rett-Syndrom in Sozialpädiatrischen Zentren und Einrichtungen der Kinder- und Jugendpsychiatrie. Auch an einigen Kinderkliniken (z. B. in Kassel und Göttingen) finden sich Abteilungen, die besondere Erfahrungen mit der Diagnose des Rett-Syndroms haben. Anders als in anderen Ländern (»Rett centres«) gibt es in Deutschland jedoch keine Einrichtung, an die sich Eltern von Mädchen mit Rett-Syndrom als zentrale Anlaufstelle mit interdisziplinärer Expertise in der Behandlung des Rett-Syndroms und der Begleitung der Familien wenden können.
>
> Die Einschränkungen der Mobilität, die Ernährungsschwierigkeiten, die Probleme der Atemregulation und die Neigung zu epileptischen Anfällen müssen auch in der pädagogischen Förderung berücksichtigt werden. Pädagogische Fachkräfte benötigen eine sorgfältige Anleitung durch die Eltern und/oder eine Kinder-Krankenschwester, wie sie mit diesen Problemen im Alltag umgehen können. Eine kontinuierliche Zusammenarbeit mit Physiotherapeut:innen, Ergotherapeut:innen und

Sprachtherapeut:innen sowie Fachärzt:innen ist anzustreben. Die Empfehlungen dieser Kooperationspartner:innen müssen in die Planung der pädagogischen Interventionen einbezogen werden.

Variabilität des Verhaltensphänotyps

Die individuelle Variabilität zeigt sich nicht nur im Entwicklungsverlauf und den begleitenden gesundheitlichen Problemen, sondern auch in den Verhaltensmerkmalen von Mädchen mit Rett-Syndrom. Mount et al. (2002) erhoben die Ausprägung von Symptomen des Rett-Syndroms bei 143 Mädchen mit Rett-Syndrom (mittleres Alter 10;3 Jahre) und verglichen sie mit 85 Patientinnen mit schwerer geistiger Behinderung. Sie entwickelten dazu einen spezifischen Fragebogen, den »Rett Syndrome Behaviour Questionnaire« (RSBQ), der 46 Items umfasst.

Die bereits beschriebenen Handstereotypien und Störungen der Atemregulation wurden von den Eltern fast aller Mädchen auch in dieser Studie bestätigt. Sie zeigten sich ausschließlich bei Mädchen mit Rett-Syndrom, nicht in der Vergleichsgruppe von Kindern mit schweren Behinderungen (▶ Abb. 3). Darüber hinaus beobachteten über 70% der Eltern von Mädchen mit Rett-Syndrom bei ihren Töchtern Angst und Unsicherheit sowie häufige Stimmungsschwankungen. 58% nannten Zähneknirschen (»Bruxismus«), 64% Schlafstörungen als weitere Verhaltensmerkmale.

In Zusammenarbeit mit der Eltern-Selbsthilfegruppe »Rett Syndrom Deutschland e. V.« führten wir eine eigene Untersuchung bei 83 Mädchen mit Rett-Syndrom (mittleres Alter 8;4 Jahre, etwa gleichmäßige Verteilung auf die Altersgruppen < 6 Jahre, 6–10 Jahre, > 10 Jahre) durch (Sarimski, 2003a). Zur Beurteilung der Besonderheiten des Verhaltens und emotionalen Ausdrucks wurde eine deutsche Übersetzung des »Rett Syndrome Behaviour Questionnaire« (Mount et al., 2002) verwendet.

Variabilität des Verhaltensphänotyps

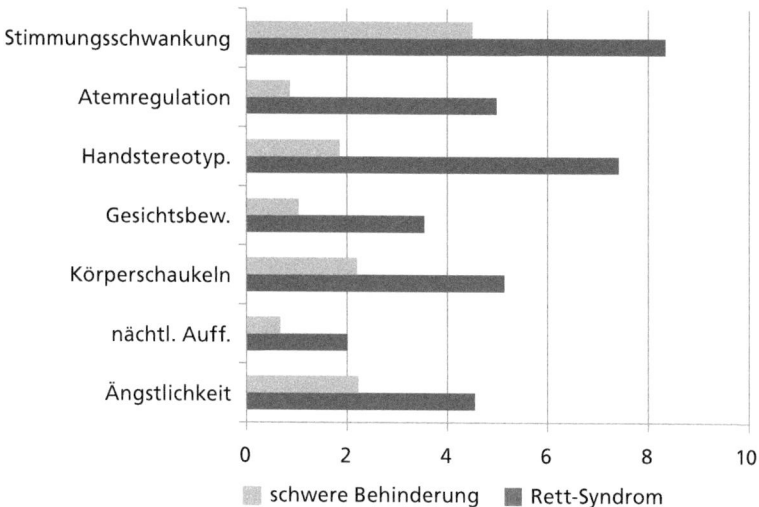

Abb. 3: Verhaltensmerkmale von Mädchen und Frauen mit Rett-Syndrom und anderen Formen schwerer Behinderung (RSBQ; Mount et al., 2002)

Die Verteilung der Daten spiegelt das Merkmalsspektrum der klassischen Form des Rett-Syndroms wider. Die Items zum abnormen Gebrauch der Hände und zu Auffälligkeiten der Atemregulation (Hyperventilation, Aufblähen des Bauches, Anhalten des Atems) treffen nach Angaben der Eltern für die meisten Mädchen regelmäßig zu. Angst und Unsicherheit, geringe mimische Responsivität, Grimassieren, plötzliche Stimmungswechsel, Körperschaukeln oder unangemessenes Lachen werden bei vielen Mädchen manchmal, aber nicht regelmäßig beobachtet. Weniger als 40% der Eltern bezeichnen diese Verhaltensweisen als charakteristisch für ihre Tochter. Nächtliche Auffälligkeiten (Schreiattacken oder untröstliches Weinen) werden mit geringerer Häufigkeit berichtet als andere Besonderheiten des Verhaltens oder emotionalen Ausdrucks (▶Tab. 1). Auch diese Studie unterstreicht somit die individuelle Variabilität im Symptomenspektrum des Rett-Syndroms.

In keiner der Verhaltensskalen fanden sich signifikante Unterschiede zwischen den 72 Mädchen mit dem klassischen Bild des Rett-Syndroms und den elf Mädchen mit atypischen Varianten. Auch die Mädchen mit zusätzlicher Epilepsie unterschieden sich nicht signifikant von denen, bei denen diese neurologische Störung nicht vorliegt. Zwischen den drei Altersgruppen fand sich nur bei einer der acht Skalen ein signifikanter Unterschied. Mädchen im Alter zwischen sechs und zehn Jahren werden in ihrer Stimmung als labiler beschrieben als jüngere oder ältere Mädchen. Tendenziell zeigten mehr Mädchen unter sechs Jahren abnorme nächtliche Verhaltensweisen (Schreiattacken, untröstliches Schreien, Lachen ohne erkennbaren Anlass) als ältere Mädchen.

Tab. 1: Besonderheiten des Verhaltens und emotionalen Ausdruck bei 83 Mädchen mit Rett-Syndrom (RSBQ-Items; Auswahl; Angabe in %; Sarimski, 2003a)

	Trifft nicht zu	Manchmal	Trifft sehr zu
Stimmungsschwankungen			
Plötzliche Stimmungswechsel	15.7	54.2	30.1
Plötzliches Schreien während des Tages	41.0	42.2	16.9
Manchmal unglücklich ohne erkennbaren Anlass	31.3	42.2	26.5
Plötzliches Weinen	41.0	42.2	16.9
Von Zeit zu Zeit irritierbar ohne Grund	33.7	51.8	14.5
Anhaltende Schreiattacken	39.8	34.9	24.1
An einigen Tagen wesentlich »schlechter« als sonst	18.1	45.8	36.1
Bildet Laute ohne erkennbaren Grund	32.5	36.1	31.3
Atemregulationsstörungen			
Von Zeit zu Zeit Luft anhalten	26.5	36.1	37.3
Luftschlucken	34.9	36.1	28.9
Aufblähen des Bauchs mit Luft	6.0	30.1	63.9
Rasches Hyperventilieren	28.9	30.1	41.0
Ausspucken von Luft oder Speichel	42.2	27.7	30.1

Handstereotypien

Singh et al. (2021) legten eine systematische Übersicht über 43 Studien zu Störungen der Kontrolle über Bewegungen, Handstereotypien und ihren Zusammenhängen bei Mädchen und Frauen mit Rett-Syndrom vor. Etwa die Hälfte der Studien stützte sich auf Videoaufzeichnungen der Bewegungsabläufe, die übrigen verwendeten Beurteilungsskalen und Fragebögen als Untersuchungsinstrumente. Die Form und Häufigkeit von Handstereotypien variieren mit dem Alter. Bei einer Befragung der Eltern von 1.074 Mädchen und Frauen mit Rett-Syndrom stellten Stallworth et al. (2019) fest, dass häufiger ein stereotypes Bewegen der Hände zum Mund oder Klatschen in die Hände zu beobachten ist, während eine »Waschbewegung« der Hände, wie sie von Rett (1966) ursprünglich beschrieben wurde, seltener ist. Bei Mädchen unter acht Jahren überwiegt das Führen der Hände zum Mund und Klatschen in die Hände, bei Frauen ab dem Alter von 19 Jahren die »klassische« Handwaschbewegung (Carter et al., 2010). In einer australischen Studie zeigten nur etwa ein Drittel der erwachsenen Frauen eine oder mehrere Formen von Handstereotypien. Die Form und Intensität der Handstereotypien unterscheidet sich deutlich von Bewegungsstereotypien, die bei Kindern mit einer autistischen Störung zu beobachten sind (Goldman & Temudo, 2012).

Die Handstereotypien treten weitgehend unabhängig von den sozialen Bedingungen in allen Alltagssituationen auf, jedoch nicht in der Nacht (Vignoli et al., 2009). Oliver et al. (1993) und Wales et al. (2004) führten in Einzelfallstudien eine funktionale Analyse der repetitiven Handbewegungen bei insgesamt neun Mädchen mit Rett-Syndrom durch. Sie dokumentierten ihre Häufigkeit unter vier Bedingungen: kontinuierliche Aufmerksamkeit von Bezugspersonen, soziale Anforderung, Stimulation und Zeiten, in denen sie allein sind. Bei allen Mädchen traten die Handstereotypien in mindestens 60 % der Beobachtungsintervalle unter allen vier Bedingungen auf, bei einigen zu 100 %. Es fanden sich keine Zusammenhänge zwischen den Stereotypien und den sozialen Reaktionen der Bezugspersonen, d. h., sie werden nicht durch kontingente Verstärkung aufrechterhalten.

Auch Quest et al. (2014) fanden in videogestützten Beobachtungen bei fünf Mädchen und Frauen keine Zusammenhänge zwischen der Häufigkeit von Stereotypien und – in diesem Fall – Stressbedingungen. Allerdings gibt es aus Sicht von Bezugspersonen wohl gewisse Faktoren, die die Häufigkeit beeinflussen. Hirano und Taniguchi (2018) befragten pädagogische Fachkräfte und Eltern zu ihren Beobachtungen bei 216 Mädchen und Frauen mit Rett-Syndrom. Sie hatten den Eindruck, dass Stereotypien in Situationen, die den Mädchen und Frauen Unbehagen oder Freude bereiten, eher zunehmen, während sie in Zeiten erhöhter Konzentration oder beim Essen nachlassen. Einige Eltern gaben auch an, dass sie beim Betrachten von Videos, beim Hören von Musikstücken oder z. B. beim Schaukeln auf dem Spielplatz nachlassen.

Ängstliches Verhalten, Stimmungsschwankungen und selbstverletzendes Verhalten

Außer den Handstereotypien sind ängstliche Verhaltensreaktionen und Stimmungsschwankungen charakteristisch für den Verhaltensphänotyp beim Rett-Syndrom. Viele Eltern beschreiben ihre Töchter als emotional sehr labil. Sie reagieren nach ihren Angaben z. T. mit panikähnlichen Reaktionen (Hyperventilation, Schreien, Selbstverletzung, allg. Erschrecken) auf laute Geräusche, bestimmte Arten von Musik, fremde Leute oder Plätze, Veränderungen von Routineabläufen und exzessive Aktivität in der Nähe des Kindes (Sansom et al., 1993). Eine Mutter beschreibt das so:

»Wir haben diese Schwankungen das ganze Leben lang bei Amy bemerkt. Es gibt Tage, an denen sie aus der Welt ausgeschlossen scheint. In anderen Momenten ist sie sehr reaktionsschnell, verbal, kann laufen und scheint im Einklang mit der Welt. Dies sind die Tage, an denen sie … lächelt, sie lacht dann angemessen und versteht einen Witz. Diese

Stimmungsschwankungen ergeben keinen Sinn.« (zit. nach Hunter, 2007, S. 156)

Buchanan et al. (2022) befragten 1.380 Eltern von Mädchen und Frauen mit Rett-Syndrom in einer multizentrischen Studie in den USA zur Häufigkeit ängstlicher Verhaltensweisen (Irritierbarkeit, Weinen, sozialer Rückzug) und zur damit verbundenen Alltagsbelastung. 24 % der Eltern gaben an, dass solche ängstlichen Verhaltensweisen häufig oder durchgehend zu beobachten seien. Es fanden sich keine eindeutigen Zusammenhänge zum Alter der Kinder, die Symptome wurden jedoch – anders als in anderen Studien – häufiger genannt, wenn die Rett-Symptomatik insgesamt stärker ausgeprägt war. 10 % der Eltern nannten dann auch ängstliche Verhaltensweisen unter den drei Bereichen, die ihnen die größten Sorgen bereiten.

Zu den Auffälligkeiten gehören bei einigen Mädchen auch selbstverletzende Verhaltensweisen, z. B. das Schlagen gegen den Mund oder das Kinn (Buchanan et al., 2019). Eine Mutter:

»Im Alter von etwa sieben oder acht Jahren begann sie selbstverletzendes Verhalten. Sie zog sich an den Haaren, kniff sich und kratzte sich oder andere, manchmal begann sie auch, sich selbst zu beißen...« (zit. nach Hunter, 2007, S. 162)

Wir erhoben in der bereits erwähnten Studie, die wir in Zusammenarbeit mit der Eltern-Selbsthilfegruppe durchführten, mittels des »Behaviour Problem Inventory« (BPI) auch die Häufigkeit und Schwere von stereotypen, selbstverletzenden und aggressiven Verhaltensformen in einer Gruppe von 40 Mädchen mit Rett-Syndrom und verglichen sie mit den Symptomen bei 20 Kindern mit anderen Formen schwerer Behinderung, die nach Alter und Fähigkeitsstand parallelisiert waren (Sarimski, 2014). Zum-Mund-Führen von Objekten, Kopfschlagen, Kratzen, Beißen in die eigene Hand und Ziehen an den eigenen Haaren traten bei 20–40 % der Mädchen mit Rett-Syndrom, aber auch bei den Kindern der Vergleichsgruppe auf (▶ Tab. 2). Aggressive Verhaltensweisen traten dagegen in beiden Gruppen nur selten auf.

2 Individuelle Variabilität im Entwicklungsverlauf

Tab. 2: Auftretenshäufigkeit von selbstverletzenden und stereotypen Verhaltensformen bei 40 Mädchen mit Rett-Syndrom und einer Vergleichsgruppe (Behaviour Problems Inventory; Angabe in %; Sarimski, 2014)

	Rett-Syndrome		Vergleichsgruppe	
	Relative Häufigkeit	Täglich/ Stündlich	Relative Häufigkeit	Täglich/ Stündlich
Zähne knirschen	82.5	55.0	35.0	30.0
Luftschlucken	57.5	30.0	0	0
In-Mund-Stecken von Objekten	40.0	20.0	10.0	0
Haare ziehen	22.5	5.0	10.0	0
Kopfschlagen	25.0	7.5	25.0	10.0
Sich beißen	25.0	15.0	15.0	5.0
Sich kratzen	32.5	7.5	15.0	0
Erbrechen/Ruminieren	22.5	7.5	15.0	0
Rhythmische Körper- oder Handbewegungen	80.0	70.0	45.0	30.0
Repetitive Lautäußerungen	45.0	35.0	35.0	30.0
Bizarre Körperhaltungen	37.5	17.5	45.0	30.0
Rhythmisches Manipulieren von Objekten	30.0	20.0	25.0	20.0

Cianfaglione et al. (2016) analysierten mögliche Zusammenhänge zwischen Stereotypien, selbstverletzendem Verhalten, aggressivem Verhalten und Auffälligkeiten der Atemregulation mit sozialen Bedingungen ihres Auftretens. Sie werteten dazu Videoaufzeichnungen von zehn Mädchen und jungen Frauen aus (davon neun mit klassischem Rett-Syndrom, aber relativ milder Ausprägung der Symptome; mittleres Alter 12;5 Jahre). Sie beobachteten das Verhalten der Mädchen bei Alltagsaktivitäten zu Hause und in der Schule (Selbstversorgung, Haushaltstätigkeiten, Spiel oder Förderaktivitäten mit oder ohne Handgebrauch) und ihre soziale Kontaktsuche (erkennbar an Vokalisation, Blickkontakt, Ausstrecken des Arms u. a. Verhaltensweisen). Außerdem wurde die Zeit dokumentiert, in der sich die Aufmerksamkeit der Bezugspersonen auf die Mädchen richtete und sie Unterstützung zur Beteiligung an Aktivitäten erhielten. Die Mädchen schauten z. B. TV, hörten Musik, es wurden ihnen Bücher vorgelesen oder sie wurden in einfache Aktivitäten im Umgang mit Spielsachen oder mit Wasser einbezogen.

Es zeigte sich auch in dieser Studie eine relativ große individuelle Variabilität im Verhalten der Mädchen. Ein gezielter Gebrauch der Hände wurde in 12.7 % der Zeit beobachtet, allerdings war er bei vier Mädchen überhaupt nicht festzustellen. An Aktivitäten, die keinen gezielten Handgebrauch erforderten, waren die Mädchen zu 27 % der Zeit zu Hause und 16 % der Zeit in der Schule beteiligt. Sozialen Kontakten suchten sie zu Hause in 10.7 % der Zeit, in der Schule zu 14.3 % der Zeit. Die Zeitanteile, in denen Handstereotypien zu Hause auftraten, schwankten zwischen 60 % und 99 %, in der Schule waren sie jeweils etwas weniger dominant. Bei zwei Mädchen und zwei jungen Frauen waren die Raten allerdings deutlich geringer. Selbstverletzendes Verhalten war bei vier Mädchen zu Hause und bei zwei Mädchen in der Schule zu beobachten (ebd.).

In Sequenzanalysen fanden sich auch in dieser Studie keine signifikanten Zusammenhänge zwischen dem zeitlichen Anteil von Handstereotypien und der sozialen Aufmerksamkeit, die die Mädchen zu Hause oder in der Schule von ihren Bezugspersonen erlebten. Selbstverletzende Verhaltensweisen traten häufiger in engem Zusammenhang vor oder nach dem Beginn sozialer Zuwendung auf. Das lässt eine soziale Funktion bei dieser Verhaltensform vermuten, d. h., bei selbstverletzenden Verhaltensweisen wirken (anders als bei den Handstereotypien) positive oder negative Verstärkungsbedingungen – eine Beobachtung, die sich auch bei Kindern mit anderen Formen intellektueller Beeinträchtigung und selbstverletzendem Verhalten machen lässt. Sie treten auf, wenn die Mädchen erleben, dass sie bei selbstverletzenden Verhaltensweisen soziale Aufmerksamkeit erfahren oder sie damit Anforderungen vermeiden können, die für sie unangenehm und belastend sind.

> Der Verhaltensphänotyp ist gekennzeichnet durch ausgeprägte Handstereotypien, Ängstlichkeit und Stimmungsschwankungen der Mädchen sowie nächtliche Unruhe und Schlafstörungen. Diese Verhaltensauffälligkeiten werden von der Mehrzahl der Eltern von Mädchen und jungen Frauen mit Rett-Syndrom angegeben – allerdings nicht von allen. Selbstverletzendes Verhalten gehört bei einigen Mädchen ebenfalls zu den charakteristischen Verhaltensmerkmalen. Während die Ausprägung der Handstereotypien von sozialen Einflussfaktoren unabhängig ist, scheinen Stimmungsschwankungen und selbstverletzende Verhaltensweisen einen gewissen Zusammenhang mit sozialen Bedingungen und Anforderungen zu haben.
>
> Die beträchtliche individuelle Variabilität in der Ausprägung der Verhaltensmerkmale muss in der Planung der pädagogischen Förderung berücksichtigt werden. Dafür ist eine differenzierte diagnostische Einschätzung von Stimmungsschwankungen, Ängstlichkeit und selbstverletzenden Verhaltensweisen sowie möglicher Zusammenhänge ihres Auftretens (im Sinne einer funktionalen Verhaltensanalyse) erforderlich.

Bewertung der Symptome aus Sicht der Eltern

Neul et al. (2023) befragten die Eltern und Bezugspersonen von 923 Mädchen und Frauen mit Rett-Syndrom (etwa 80 % davon im Kindes- und Jugendalter) nach den drei Symptomen, die für sie die stärkste Belastung darstellten. Sie sollten diese aus einer Liste von 21 Bereichen auswählen. Bei 641 Mädchen und Frauen lag das klassische Bild des Rett-Syndroms vor. Die Eltern nannten als wichtigste Bereiche:

- Fehlende Kommunikationsmöglichkeiten,
- Epileptische Anfälle,
- Fehlender Handgebrauch,

- Abnormes Gangbild und Gleichgewichtsstörungen,
- Konstipation.

Die fehlenden Verständigungsmöglichkeiten wurden in allen Altersgruppen als der Bereich benannt, der die größte Belastung darstellt. Die übrigen Angaben variierten mit dem Alter, der Art der Mutation und dem klinischen Schweregrad. Bei erwachsenen Frauen mit Rett-Syndrom kam den Einschränkungen der Mobilität sowie der Konstipation eine hohe Bedeutung zu. Epileptische Anfälle wurden häufig als zweitwichtigstes Problem bei jugendlichen Mädchen mit Rett-Syndrom genannt, während der fehlende Handgebrauch und die ausgeprägten Handstereotypien mit zunehmendem Alter seltener als vordringliche Belastung genannt wurden. Unter den übrigen körperlichen Symptomen wurden die Störungen der Atemregulation häufig bei Mädchen im Alter von drei bis 15 Jahren genannt, die Entwicklung einer Skoliose bei Mädchen im Alter von zehn bis 15 Jahren.

Die Einschätzungen der Eltern von Mädchen mit atypischen Formen des Rett-Syndroms (n = 84), MECP2-Duplikationssyndrom (n = 67), CDKL5-Defizit (n = 67) und FOXG1-Syndrom (n = 59) verteilten sich im Wesentlichen ähnlich wie bei Mädchen mit klassischer Form des Rett-Syndroms. Lediglich das Auftreten von Anfällen wurde von den Eltern der Mädchen, bei denen eine schwere Ausprägung der atypischen Form oder ein CDKL5-Defizit vorlag, als vorrangige Belastung genannt.

McGraw et al. (2023) führten eine qualitative Studie durch zu der Frage, wie die Eltern die Bedeutung der einzelnen Symptome des Rett-Syndroms einschätzen und in welchen Bereichen sie Verbesserung durch eine Therapie oder gezielte Förderung am wertvollsten fänden. Sie führten dazu explorative Interviews mit 40 Eltern von Mädchen und jungen Frauen mit Rett-Syndrom (75 % im Alter unter 18 Jahren) durch und verglichen die Äußerungen der Eltern mit den Einschätzungen, die diese im RSBQ vornahmen. Die Ergebnisse sollten dazu dienen, die Einschätzung des Schweregrads von Symptomen durch standardisierte Fragebögen um die Sichtweise von Eltern zu ihren Erwartungen und Hoffnungen zu ergänzen. Die Symptome, die die Eltern als besonders belastend erlebten, ließen sich folgenden Bereichen zuordnen:

2 Individuelle Variabilität im Entwicklungsverlauf

- Auswirkungen auf Gesundheit und Wohlbefinden,
- soziale und psychologische Konsequenzen von Symptomen sowie
- Einschränkungen der fein- und grobmotorischen Fähigkeiten der Mädchen und jungen Frauen.

35 Eltern machten sich vor allem Sorgen um negative Auswirkungen der Symptome des Rett-Syndroms auf das Wohlbefinden der Mädchen. 12 Eltern sprachen auch Schlafstörungen als besonders belastend an. Sie machten sich z. B. Sorgen um die schädlichen Folgen der Handstereotypien.

»Die stereotypen Waschbewegungen mit den Händen … Es zerstört das Gewebe ihrer Haut, was zu einer Infektion führen könnte … Es ist schmerzhaft und ich weiß nicht, warum sie das tun möchte. Deshalb versuchen wir unser Bestes, ihre Hände getrennt zu halten oder Socken über ihre Hände zu streifen, damit sie diese Bewegungen nicht so häufig macht, dass sich Blasen bilden. Es ist sehr schlimm. Es ist sehr selbstzerstörerisch.« (zit. nach McGraw et al., 2023, S. 274, Übers. K. S.)

Unter den psychologischen und sozialen Konsequenzen der Symptome sprachen 18 Eltern die Stimmung der Mädchen und die fehlenden sozialen Kontakte an. Zehn Eltern sorgten sich besonders um die ausgeprägte Abhängigkeit der Mädchen, acht Eltern sprachen Barrieren für die soziale Teilhabe in der Schule an. Von besonderer Bedeutung sind dabei aus der Sicht der Eltern die eingeschränkten kommunikativen Fähigkeiten der Mädchen. 23 Eltern hofften, dass es mit gezielter Förderung in diesem Bereich leichter würde zu erkennen, was die Wünsche oder Bedürfnisse ihrer Töchter sind, elf Eltern hofften auf eine allgemein leichtere Verständigung mit ihnen.

»Wenn sich daran etwas ändern ließe, würde das bedeuten, dass sie sich nicht mehr so einsam fühlen würde, dass sie sich eingebunden fühlen würde. Und das ist es, wonach wir uns alle sehnen: Verbundenheit … Ich habe das Gefühl, wenn sie sich nicht isoliert fühlen würde, hätte sie mehr Spaß, wäre engagierter.« (zit. nach McGraw et al., 2023, S. 275)

»Wenn sie sich ausdrücken oder kommunizieren könnte, wäre das für sie von entscheidender Bedeutung. Ich denke, vor allem, wenn sie älter wird – und sie nicht mehr die Gleichaltrigen und die sozialen Rahmenbedingungen hat, die sie früher hatte, als sie klein war. Sie verlässt sich wirklich darauf, dass die Erwachsenen um sie herum alles für sie herausfinden. Und ich fürchte, dass sie in dieser Zeit sehr einsam sein und sich isoliert fühlen wird.« (zit. nach McGraw et al., 2023, S. 275)

Unter den motorischen Fähigkeiten nannten 15 Eltern die Einschränkungen des Handgebrauchs im Umgang mit Gegenständen, die die Mädchen gern mögen, 12 Eltern sprachen die Abhängigkeit beim Essen an, fünf Eltern Einschränkungen in der Mobilität.

»Was Spielzeug angeht, meine ich, wir kaufen so viele Spielzeuge in der Hoffnung, dass sie damit spielen kann. Und ich weiß, dass sie es will. Ihre Augen leuchten. Sie ist begeistert von ihnen. Aber auch hier bleibt sie in jeder Bewegung stecken. ... Sie ist nie in der Lage, ihre Hände vor sich auszustrecken, um z. B. auf etwas zu klopfen und zu spielen. ... Ich denke, es würde ihr einfach so viel Freude bereiten, tatsächlich mit Spielzeug spielen zu können.« (zit. nach McGraw et al., 2023, S. 276)

»Sie nutzt ihre Hände nicht zum gezielten Greifen. Sehr, sehr selten tut sie das, weil ihre Hände fast ineinander verschränkt sind und miteinander ringen. Wenn sie nicht so blockiert wäre, wenn sie die Fähigkeit hätte, ihre Hände voneinander zu trennen und z. B. das Popcorn zu greifen, wäre das monumental.« (zit. nach McGraw et al., 2023, S. 276)

Mit Blick auf ihre eigene Lebensqualität sprachen 26 Eltern den Wunsch nach einer Reduzierung ihrer alltäglichen Belastung an. 15 Eltern gingen in diesem Zusammenhang auf einen ruhigeren Nachtschlaf ein, 14 Eltern sprachen die Möglichkeit an, häufiger Aktivitäten außerhalb des Hauses nachzugehen.

»Ihre Möglichkeit, beide Hände auf eine Weise zu nutzen, die für sie sinnvoll wäre. Das wäre für mich hilfreich, weil es weniger Arbeit bedeutet. ... Ich müsste [nicht] alles für sie halten. Ich muss ihr z. B. jedes Stück beim Essen anreichen.« (zit. nach McGraw et al., 2023, S. 276)

»Es gab viele schlaflose Nächte, in denen sie nur stöhnte. Die ganze Nacht lang und sie schlief nicht, was bedeutet, dass ich auch nicht schlafe, weil ich in ihrem Zimmer bin und versuche, der Sache auf den Grund zu gehen. Das wirkt sich auf unsere ganze Familie aus. Dann fahre ich am nächsten Tag in die Arbeit, und ich habe kein Auge zugetan, oder sie geht zur Schule und hat kein Auge zugetan. Und unsere ältere Tochter beschwerte sich, dass sie keinen Schlaf bekam und auch Papa keinen Schlaf bekam.« (zit. nach McGraw et al., 2023, S. 277)

»Ich habe Angst, mit ihr irgendwohin zu gehen, weil ich nicht weiß, wie es ihr gehen wird oder wie sie reagieren wird, wenn wir wieder gehen müssen. Es macht es schwierig, irgendwohin zu gehen. Es macht vieles unmöglich.« (zit. nach McGraw et al., 2023, S. 277)

In den Interviews wurden die Eltern auch gefragt, auf welche Bereiche sich ihre Hoffnungen auf die Entwicklung wirksamer Therapiemaßnahmen richteten. 29 Eltern nannten eine Verbesserung der kommunikativen Fähigkeiten ihrer Kinder, 23 Eltern eine Verbesserung der Mobilität und 18 Eltern eine Verbesserung im funktionalen Handgebrauch. Fortschritte in der Autonomie der Mädchen, eine Prävention von Anfällen und eine Regulierung von Stimmungsschwankungen wurden von zehn bis 13 Eltern angegeben.

Therapie- und Fördermaßnahmen für Mädchen mit Rett-Syndrom sollten sich – neben der Behandlung gesundheitlicher Beeinträchtigungen – auf eine Verbesserung des Handgebrauchs und der Mobilität, eine Reduzierung der Handstereotypien sowie eine Unterstützung der kommunikativen Fähigkeiten konzentrieren. Fortschritte in diesen Bereichen tragen – auch aus Sicht der Eltern – zu einer wesentlichen Verbesserung der Lebensqualität und sozialen Teilhabe der Kinder und ihrer Familien bei.

3 Kognitive, kommunikative und adaptive Kompetenzen

Die Beschreibung der Symptome des Rett-Syndroms und die Sichtweise der Eltern machen deutlich, dass es sich um eine sehr komplexe Entwicklungsstörung handelt. Die Eltern der Mädchen, bei denen diese Diagnose gestellt wurde, mussten sich darauf einstellen, dass die Möglichkeiten zur Kommunikation und ein zielgerichteter Gebrauch der Hände dauerhaft eingeschränkt bleiben werden. Die pädagogische Förderung habe sich – nach Einschätzung der Fachleute – an den Konzepten für Kinder und Jugendliche mit schwerer und mehrfacher Behinderung zu orientieren, deren kognitives Entwicklungspotenzial durch eine schwere Hirnschädigung eng begrenzt ist.

Diese Annahme wurde in den Lehr- und Fachbüchern lange Zeit tradiert, weil Mädchen mit Rett-Syndrom nach den Ergebnissen von herkömmlichen Testuntersuchungen und Beurteilungen der adaptiven Kompetenzen im Alltag aufgrund der schweren Apraxie, den stereotypen Handbewegungen und den fehlenden sprachlichen Äußerungsmöglichkeiten ein Kompetenzniveau zeigten, das als »schwere intellektuelle Behinderung« zu klassifizieren war. Im Alltag gewannen viele Eltern jedoch den Eindruck, dass ihre Töchter sehr viel zu verstehen schienen und ihre Umwelt aufmerksam wahrnahmen. Auch wenn sie auf vielfältige Unterstützung angewiesen waren, unterschieden sie sich doch in ihrem Verhalten sehr von Kindern und Jugendlichen mit schwerer intellektueller Behinderung.

Zahlreiche Arbeitsgruppen haben sich – angestoßen durch diese Elternbeobachtungen – in den letzten 20 Jahren mit dem kognitiven und kommunikativen Entwicklungspotenzial von Mädchen mit Rett-Syndrom beschäftigt. Die Ergebnisse zeigen: Auch wenn der Unterstützungsbedarf im Alltag sehr hoch bleibt, so lassen sich doch alternative Wege der Verständigung aufbauen, die die Aussichten auf soziale Teilhabe bei vielen Mädchen mit Rett-Syndrom deutlich verbessert haben. Das Entwicklungspotenzial kognitiver und kommunikativer Kompetenzen, das sich in diesen neueren Forschungsarbeiten abzeichnet, soll im Folgenden beschrieben werden. Das Wissen um dieses Potenzial verändert die Erwartungen von Eltern an den Entwicklungsverlauf ihrer Töchter, wenn sie neu mit der Diagnose »Rett-Syndrom« konfrontiert werden, und sollte auch die Schwerpunkte der pädagogischen Förderung und Behandlung von Mädchen mit Rett-Syndrom bestimmen.

Herausforderungen bei der Beurteilung kognitiver Fähigkeiten

Die Beurteilung kognitiver Fähigkeiten von Mädchen mit Rett-Syndrom stellt eine besondere diagnostische Herausforderung dar. Die meisten standardisierten Testinstrumente erfordern eine sprachliche Reaktion oder die Manipulation von Testmaterialien. Beides ist den meisten Mädchen mit Rett-Syndrom nicht möglich. Außerdem benötigen Mädchen mit Rett-Syndrom eine wesentlich längere Zeit, um auf Aufgaben zu reagieren, was in standardisierten Untersuchungen nicht vorgesehen ist. Zudem scheint ihre Reaktionsmöglichkeit sehr schwankend und von situativen Bedingungen abzuhängen. Auch das erschwert eine valide Einschätzung ihrer Fähigkeiten bei der Durchführung von Entwicklungs- oder Intelligenztests.

Entsprechend kamen Byiers und Symons (2012) in einer Übersicht über 27 Studien (einschließlich unveröffentlichter Studienprotokolle und klinischer Einschätzungen) zu dem Schluss, dass traditionelle Verfahren, die auf sensomotorischen Fähigkeiten beruhen, ungeeignet sind, eine Aussage über kognitive Fähigkeiten von Mädchen mit Rett-Syndrom zu machen. Sie weisen auf die Notwendigkeit hin, sensible und valide alternative

Untersuchungstechniken zur Beurteilung kognitiver Fähigkeiten bei Mädchen mit Rett-Syndrom zu entwickeln.

Eine erste Alternative zu einer standardisierten Testuntersuchung besteht darin, die Eltern nach ihren Alltagsbeobachtungen zu fragen, wie ihre Töchter auf Stimuli reagieren, die für sie von besonderer Bedeutung sind. Viele Eltern berichten solche »anekdotischen« Beobachtungen, die dafürsprechen, dass ihre Töchter wesentlich mehr Informationen verarbeiten können als sich mit traditionellen Tests messen lässt und dass sich dies an ihren intentionalen Blickbewegungen sowie ihren Reaktionen auf Veränderungen in Alltagssituationen ablesen lasse. Einige Mütter schildern ihre Eindrücke von den kognitiven Verarbeitungsfähigkeiten ihrer Töchter so:

»Ich rede mit ihr, als ob sie alles verstehen würde. Ich erzähle ihr alles, was passieren wird, sehr detailliert. Ich erkläre ihr Dinge über den Wind, der heute weht, oder über die Sonne, die sich hinter Wolken versteckt, und warum es deshalb kühler ist. Oft ›redet‹ sie mit Geräuschen oder ihren Augen zu mir.« (zit. nach Hunter, 2007, S. 321)

»Darken wirkt so, als ob sie wirklich nicht viel versteht... Sie versteht jedoch mehr als irgendjemand jemals beurteilen oder sicher wissen kann. Sie reagiert sehr sensibel auf Gefühle von anderen und weiß sofort, ob jemand sie akzeptiert oder nicht. Ich glaube, wir sind es unseren Mädchen schuldig, ihnen zu glauben, dass sie alles verstehen, anstatt davon auszugehen, dass dies nicht der Fall ist.« (zit. nach Hunter, 2007, S. 321)

»Ich bin überzeugt, dass Sie Ihr Kind altersgerechten Dingen aussetzen, ihm aber die Führung überlassen sollten. Geben Sie ihr immer Anerkennung, auch wenn ihre Entscheidungen nicht immer verständlich sind. Meine Tochter hat durchaus altersgerechte Interessen, obwohl sie stark mehrfach behindert ist. Sie liebt alles, was ein typisches dreizehnjähriges Mädchen tut, aber ich weiß nicht, ob sie es kognitiv zu schätzen weiß. Sie braucht Angebote auf dem gleichen Niveau wie ihre Freunde.« (zit. nach Hunter, 2007, S. 319)

In den letzten Jahren wurden technische Möglichkeiten entwickelt, mit denen die Blickbewegungen objektiv gemessen werden können. Diese »Eye-Tracking-Technologie« kann bei der Durchführung von Untersuchungen eingesetzt werden, um Aufmerksamkeitsprozesse, soziales Interesse und das Sprachverständnis von Mädchen mit Rett-Syndrom zu beurteilen. Die »Eye-Tracking-Technologie« erlaubt eine Messung der Augenbewegungen (Saccaden) und der Dauer der Blickfixierung auf einzelnen visuellen Stimuli. Die Häufigkeit und Dauer der Fixierung mit dem Blick gilt als ein Indikator für automatisch ablaufende, d. h. nicht willentlich gesteuerte kognitive Prozesse der Aufmerksamkeitsverteilung und Erfassung von Bedeutungen. An ihnen ist zu erkennen, worauf ein Mädchen mit Rett-Syndrom seine Aufmerksamkeit richtet und welchen Reiz es als denjenigen betrachtet, der gerade wichtig ist oder auf den sich ein Gegenüber bezieht (Conkin et al., 2019). Das sogenannte »looking-while-listening«-Paradigma (Fernald et al., 2008) bietet sich als Möglichkeit zur Untersuchung der Fähigkeiten zur Sprachverarbeitung bei Kindern und Jugendlichen mit Behinderungen an, die bei bild-gestützten Aufgaben nicht auf Fragen (»Wo ist …?«) antworten oder auf das entsprechende Bild zeigen können (Key et al., 2020).

Baptista et al. (2006) konnten in einer Pilot-Studie, bei dem ein Eye-Tracking-Gerät eingesetzt wurde, zunächst nachweisen, dass Mädchen mit Rett-Syndrom einfache Instruktionen befolgen und Bilder erkennen, zuordnen und kategorisieren konnten. Auch in einer Studie von Vignoli et al. (2010) wurde die Fixationsdauer auf einzelne Bilder aus einer Auswahl genutzt, um das visuelle Gedächtnis, die Fähigkeit zur Zuordnung zu Paaren (»look at the one that is the same«) von Bildern und zur semantischen Kategorisierung (»look at the one that is similar«) zu prüfen. Dabei wurden z. B. Bilder von Früchten, Tieren und einfachen Emotionen verwendet.

Die technischen Möglichkeiten der »Eye-Tracking-Technologie« wurden dann in weiteren Studien zur Beurteilung der Aufmerksamkeitsprozesse und des Sprachverstehens bei Mädchen mit Rett-Syndrom genutzt.

Beurteilung der Aufmerksamkeit mittels Eye-Tracking-Technologie

Rose et al. (2017, 2019) untersuchten verschiedene Komponenten der Aufmerksamkeit bei Mädchen mit Rett-Syndrom. Die Untersuchungen erfolgten bei 31 Mädchen mit klassischer Form des Rett-Syndroms im Alter von zwei bis zwölf Jahren und einer Kontrollgruppe mit unbeeinträchtigter Entwicklung. Bei diesen Untersuchungen wurde das Gerät Tobii Pro zur quantitativen Analyse von Blickbewegungen eingesetzt (Häufigkeit und Dauer von Fixierungen, Saccaden).

Es wurden zunächst Aufgaben zur Messung der Dauer der Aufmerksamkeit verwendet. Am Bildschirm wurde dazu ein Reiz (Schmetterling) präsentiert, der durch das Bild flog, sowie mehrere Ablenker (Haus, Baum, Wolken). Die Mädchen mit Rett-Syndrom richteten ihre Aufmerksamkeit auf den Schmetterling, jedoch nur in 25 % der Zeit (vs. 60 % in der Vergleichsgruppe). Sie waren wesentlich leichter ablenkbar und benötigten mehr als dreimal so viel Zeit, um ihre Aufmerksamkeit wieder zurück auf den Schmetterling zu lenken, wenn ein Ablenker erschienen war.

Zur Prüfung der selektiven Aufmerksamkeit wurde eine Aufgabe verwendet, bei der ein Zielobjekt (roter Apfel) unter Ablenkern (blaue Äpfel, rote Zylinder) fixiert werden sollte. Wenn dem Kind die Fixierung gelang, erklang ein Laut. Die Mädchen mit Rett-Syndrom waren seltener in der Lage, das Zielobjekt zu fixieren, und benötigten signifikant mehr Zeit dafür als die Vergleichsgruppe.

Zur Beurteilung der Fähigkeit zu flexiblen Aufmerksamkeitswechseln verwendeten die Autor:innen eine Aufgabe, bei denen zunächst ein Stimulus präsentiert und dann ein weiterer eingeblendet wird, während der andere sichtbar bleibt oder verschwindet. Die Blickbewegungen geben dabei Aufschluss über die Fähigkeit, den Aufmerksamkeitsfokus zu wechseln oder von einem Stimulus zu lösen. Die Mädchen mit Rett-Syndrom richteten ihre Aufmerksamkeit seltener auf den hinzukommenden Reiz, insbesondere unter der Testbedingung, in der der ursprüngliche Reiz sichtbar blieb.

Die Ergebnisse dieser Studien sprechen dafür, dass Mädchen mit Rett-Syndrom größere Schwierigkeiten haben, ihre Aufmerksamkeit dauerhaft auf einen Reiz zu richten und ihren Aufmerksamkeitsfokus zwischen verschiedenen Reizen zu wechseln. Die Interpretation der Ergebnisse bei der Überprüfung der selektiven Aufmerksamkeit war nur eingeschränkt möglich, da bei diesen Aufgaben – anders als bei den anderen beiden Testformaten – die Reliabilität der Daten, die bei den Mädchen mit Rett-Syndrom erhoben wurden, geringer war (Rose et al., 2021).

Beurteilung des Sprachverstehens mittels Eye-Tracking-Technologie

Drei Untersuchungen, bei denen die Eye-Tracking-Technologie eingesetzt wurde, werden im Folgenden ausführlich geschildert, denn sie stellen die Annahme in Frage, dass bei Mädchen mit Rett-Syndrom eine schwere intellektuelle Behinderung vorliegt.

Ahonniska-Assa et al. (2018) verwendeten einen standardisierten Test zur Prüfung des rezeptiven Wortschatzes, den »Peabody Picture Vocabulary Test« (PPVT-4; Dunn & Dunn, 2015), und adaptierten die Durchführung mittels Eye-Tracking-Gerät (Tobii Pro), um das Wortverständnis von 17 Mädchen mit Rett-Syndrom (drei bis zwölf Jahre) zu testen. Die Testung erfolgte gemäß den Standardinstruktionen an der Original-Bildauswahl, die auf einem PC-Screen präsentiert wurde. Die Mädchen erhielten die Aufforderung, ihren Blick zu dem Bild zu richten, das das genannte Wort darstellt. Ihre Wahl wurde anhand der Fixationsdauer ihrer Blickbewegungen dokumentiert und dann noch einmal überprüft, indem der Untersucher fragte, ob dies das richtige Bild sei, das zur Instruktion passe, und die Mädchen dies mit »Ja/Nein« – in der ihnen möglichen Form – bestätigen sollten. Die Dauer der Durchführung wurde an die verlangsamten Reaktionszeiten der Mädchen angepasst, die Untersuchung in mehrere kurze Sitzungen aufgeteilt.

Zehn Mädchen (65 %) zeigten Leistungen, die nach den altersbezogenen Normen des PPVT-4 im Bereich der mittelgradigen oder schweren Beeinträchtigung lagen. Bei vier Mädchen (20 %) waren die Rückstände gegenüber dem Altersdurchschnitt jedoch gering (Standardwerte 60–69), bei zwei Mädchen (12 %) lagen sie im oder knapp unter dem Durchschnitt der Altersgruppe (Standardwerte 70–85).

> Der Befund, dass ein Drittel der Mädchen über ein wesentlich höheres Sprachverständnis verfügte, als bei Annahme einer schweren intellektuellen Behinderung zu erwarten wäre, spricht dafür, dass zumindest ein Teil der Mädchen mit Rett-Syndrom unter günstigen Bedingungen ein höheres kognitives Verarbeitungsvermögen zeigen und eine Beurteilung ihres kognitiven Leistungsvermögens als »schwere intellektuelle Behinderung« nicht angemessen ist.

Clarkson et al. (2017) verwendeten eine modifizierte Version von Aufgaben eines standardisierten Entwicklungstests (Mullen Scales of Early Learning). Es wurden u. a. Aufgaben zur Beurteilung der visuellen Wahrnehmung und des Sprachverstehens bei Mädchen im Alter zwischen zwei und elf Jahren ausgewählt. Auf Aufgaben, die eine Handlung mit einem Objekt erforderten, wurde verzichtet. Sie wurden nur dann in die Bewertung als »gelöst« einbezogen, wenn Aufgaben mit höherem Schwierigkeitsgrad korrekt bewältigt wurden.

Die in den Testaufgaben verwendeten Abbildungen wurden vergrößert und ersetzt durch Bilder von bevorzugten Spielzeugen oder Speisen, die für die Mädchen mit Rett-Syndrom nach Angabe ihrer Eltern motivierend waren. Die Präsentation der Aufgaben wurde individuell verlängert, um den Mädchen genügend Zeit zur Reaktion zu geben (bis zu einer Minute). Eine Aufgabe wurde als gelöst bewertet, wenn ein Mädchen mindestens einmal eindeutig auf das korrekte Bild zeigte, auch wenn andere Reaktionen auf die Testaufgabe nicht eindeutig zu erkennen oder flüchtig waren. Es wurden während der Untersuchung Handschienen angelegt, um Stereotypien zu unterbrechen. Die Durchführung der Aufgaben erforderte durchschnittlich zwei Stunden.

In einem zweiten Untersuchungsdurchgang wurde bei 17 Mädchen ein Eye-Tracking-Gerät (Tobii Pro) zur objektiven Auswertung der Blickrichtung und Fixationsdauer verwendet (ebd.). Bei 14 Mädchen war auf diese Weise eine eindeutige Beurteilung der visuellen Wahrnehmung, bei zehn Mädchen eine Beurteilung des Sprachverständnisses möglich. Es wurden im Wesentlichen die gleichen Aufgaben verwendet; bei einigen Aufgaben fand eine Anpassung statt (z. B. wurde ein Puzzle-Item so gestaltet, dass das Kind auf das jeweils passende Teil schauen sollte, um ein Puzzle zu vervollständigen). Bei Verwendung des Eye-Tracking-Geräts war die Durchführungszeit des Tests wesentlich kürzer; ein direkter Vergleich mit den Ergebnissen in der adaptierten Form (ohne Verwendung des Eye-Trackers) ergab keine signifikanten Unterschiede, d. h. der Einsatz des Geräts hatte keinen Einfluss auf die Rohwerte. Anzumerken ist allerdings, dass nicht alle Items der adaptierten Form auch für die Ableitung mittels Eye-Tracker verwendet werden konnten.

Die Leistungen bei Aufgaben zur visuellen Wahrnehmung und zum Sprachverständnis korrelierten hoch miteinander. Sie lagen – nach den Normwerten des Tests – im Durchschnitt unter der Leistung Gleichaltriger, waren jedoch individuell sehr unterschiedlich; die erreichten Punktzahlen schwankten zwischen 3 und 160. Bei einigen Mädchen wurde auf dieser Basis das Sprachverständnis als (mindestens) altersgerecht eingeschätzt.

Die Altersäquivalente lagen wesentlich höher, als nach den Ergebnissen einer Elternbefragung zu den adaptiven Kompetenzen (gemessen mit den Vineland Adaptive Behavior Scales, ▶ Kap. 5) zu erwarten war. Das Autorenteam schloss daraus, dass die Einschätzung mittels einer adaptiven Kompetenzskala die Fähigkeiten der Kinder unterschätzte und zumindest ein Teil der Mädchen über wesentlich höhere Fähigkeiten im Bereich des Sprachverständnisses und der visuellen Wahrnehmung verfügten.

Ward et al. (2021) replizierten diese Befunde in einer Untersuchung von zehn Mädchen mit Rett-Syndrom im Alter von vier bis sieben Jahren. Das Untersuchungsvorgehen der Studie von Clarkson et al. (2017) mit Anpassungen der Aufgaben des Entwicklungstests wurde übernommen. Die Blickbewegungen wurden mit dem Eye-Tracking-Gerät analysiert, die individuellen Ergebnisse mit den Normwerten des Entwicklungstests verglichen. Zur Reliabilitätsbestimmung wurden die Reaktionen von sechs

Mädchen zudem von zwei unabhängigen Beobachtern bewertet, die in ihren Bewertungen vollständig übereinstimmten.

Zusätzlich zu den Testaufgaben wurden direkte Beobachtungen bei Spielangeboten (Blicksteuerung an PC-gestützten Spielen), beim Betrachten von Bilderbüchern und beim Dekorieren eines Kuchens in Interaktion mit den Müttern ausgewertet. In diesen Situationen konnten die Mädchen entweder ein Kommunikationssystem nutzen, mit dem sie vertraut waren, oder es wurden passende Bildsymbole zur Präsentation am PC zusammengestellt, unter denen sie wählen konnten.

Für das PC-gestützte Spiel wurde das Programm »Look to learn« (www.rehavista.de) verwendet, bei dem die Mädchen durch gezielte Augensteuerung auf statische oder sich bewegende Objekte bzw. bei der gezielten Suche und Auswahl von benannten Bildern interessante Effekte (Lieder, Seifenblasenbilder) auslösen konnten. Beim gemeinsamen Anschauen eines Bilderbuches wurde z. B. geprüft, ob die Mädchen ihren Blick auf die Tiere der Bilderbuchseite richteten, von denen in der Erzählung gerade die Rede war. Die Aufgabe zum Dekorieren eines Kuchens wurde so gestaltet, dass die Mütter angaben, was sie jeweils zur Dekoration suchten (z. B. große vs. kleine Schokoladenstückchen, Verzierungen, die in ihrer Form einer Vorlage glichen). Die Mädchen konnten dann aus einer Bildauswahl auf ihrem Gerät zeigen, ob sie das von den Müttern erfragte Objekt fanden. Auf diese Weise hofften die Autorinnen, weitere Anhaltspunkte für kognitive Fähigkeiten der Mädchen zu finden, ohne dass diese mit direkten Aufforderungen zur »Bearbeitung« von Aufgaben konfrontiert werden, bei denen ihnen die motorische Steuerung besonders schwerfällt.

Bei den Testaufgaben zur Beurteilung der visuellen Wahrnehmung lagen die Ergebnisse von zwei Mädchen im Durchschnitt der Altersgruppe, bei zwei weiteren Mädchen etwas unter dem Durchschnitt, bei drei Mädchen im weit unterdurchschnittlichen Bereich. In Bezug auf das Sprachverständnis wurde die Leistung von vier Mädchen gemäß den Testnormen als weit unterdurchschnittlich, von einem Mädchen als unterdurchschnittlich, von zwei Mädchen als durchschnittlich und von zwei weiteren Mädchen sogar als überdurchschnittlich bewertet. Auch bei den Mädchen, deren Leistungen als sehr niedrig bewertet wurden, entsprachen sie immer noch – nach den Normen des Entwicklungstests – einem Entwicklungsalter von mindestens 29 Monaten. Auch in dieser Studie zeigte sich somit ein besseres Sprachverständnis, als aus anderen Studien zu erwarten war, bei denen das Sprachverstehen z. B. mittels einer adaptiven Kompetenzskala (Vineland Adaptive Behavior Scales) erfragt worden war.

In den Beobachtungen bei den spielerisch gestalteten Situationen zeigte sich, dass alle Mädchen in der Lage waren, ihre Blickrichtung gezielt zu steuern und Zielobjekte am PC zu verfolgen. Alle waren in der Lage, benannte Objekte, Farben oder Größen zu finden, und fünf Mädchen waren in der Lage, Objekte gemäß ihres Gebrauchszwecks zu identifizieren.

Von den sieben Mädchen, bei denen sowohl formale Testergebnisse als auch Beobachtungen in spielerisch gestalteten Situationen vorlagen, zeigten zwei Mädchen bei den informalen Aufgaben höhere Fähigkeiten als bei der formalen Testung. Bei zwei Mädchen waren die Leistungen in beiden Fällen gleich, bei drei Mädchen waren die Ergebnisse bei der Untersuchung mit Testaufgaben höher. Das spricht dafür, dass Beobachtungen außerhalb von Testsituationen, die auf ihre individuellen Interessen abgestimmt sind, bei einigen Mädchen mehr Aufschluss über kognitive Fähigkeiten geben können als formale Testungen.

> Die Studien zur Beurteilung kognitiver Fähigkeiten mittels adaptierter Testverfahren und systematischer Beobachtungen bei gemeinsamen Aktivitäten mit den Eltern belegen eindrucksvoll, dass zumindest ein Teil der Mädchen mit Rett-Syndrom altersgemäße oder nur leicht unterdurchschnittliche visuelle Wahrnehmungsleistungen und Fähigkeiten im Sprachverstehen zeigt, wenn die Bedingungen für die Untersuchung sensibel auf ihre Bedürfnisse und Interessen abgestimmt sind. Sie zeigen diese Fähigkeiten durch eine gezielte Steuerung ihrer Blickrichtung, die mit Eye-Tracking-Geräten objektivierbar ist. Auch wenn diese technischen Möglichkeiten für die individuelle Diagnostik (noch) nicht überall zur Verfügung stehen, sprechen die Ergebnisse dieser Studien auf jeden Fall dafür, dass viele Mädchen mit Rett-Syndrom über höhere kognitive Kompetenzen verfügen, als mit herkömmlichen Testverfahren messbar ist.

Kommunikative Fähigkeiten

Auch die kommunikativen Fähigkeiten von Mädchen mit Rett-Syndrom weisen eine beträchtliche individuelle Variabilität auf. Dies belegten – auch schon vor der Einführung moderner Eye-Tracking-Technologie – zahlreiche Studien, bei denen Eltern und andere Bezugspersonen von Mädchen mit Rett-Syndrom zu ihren Ausdrucksmöglichkeiten und den kommunikativen Funktionen befragt wurden, zu denen sie diese im Alltag einsetzen. Urbanowicz et al. (2016a) befragten die Mütter von 16 Mädchen mit Rett-Syndrom, welche kommunikativen Mittel ihre Töchter einsetzten. Die meisten gaben an, dass sie sich vor allem an der Blickrichtung ihrer Töchter orientieren. Daran lasse sich erkennen, ob sie

- Unbehagen und Schmerz empfinden,
- einen Wunsch nach Objekten oder Aktivitäten bzw.
- einen Wunsch nach Aufmerksamkeit und sozialem Kontakt haben,
- Freude ausdrücken möchten,
- sprachliche Mitteilungen und Fragen verstehen können und
- Symbole in ihrer Bedeutung verstehen können.

Einige Beispiele aus den Antworten der Mütter:

»Bei den Mahlzeiten schaut sie zu dem, was sie will, oder bewegt ihren Körper dorthin. Wenn ich anfange, ein Lied zu singen, das ihr nicht gefällt, schreit sie manchmal laut auf und verzieht ihr Gesicht.« (zit. nach Urbanowicz et al., 2016a, S. 20, Übers. K. S.)

»›Was möchtest du zum Frühstück, möchtest du Müsli oder Toast?‹ Wir bieten die beiden Möglichkeiten auf zwei Tellern an und bitten sie, ihre Augen zu benutzen, um ihre Wahl zu treffen, und damit zu zeigen, was sie möchte. Sie schaut auf einen der beiden Teller, dann zurück zu uns und wieder auf den Teller. Wir sagen: ›Oh, das würde dir gefallen – das Müsli‹ und dann lächelt sie.« (zit. nach Urbanowicz et al., 2016a, S. 20)

3 Kognitive, kommunikative und adaptive Kompetenzen

»Sie ist geradezu süchtig nach ihrem Fernseher. Wenn ich das Gerät ausschalte und ihr etwa 30 Sekunden Zeit gebe, sieht sie mich an, als wollte sie sagen: ›Warum hast du das getan?‹ Und dann schaut sie wieder auf den Fernseher, schaut mich an, schaut erneut auf den Fernseher und fängt dann an zu jammern, als wollte sie sagen: ›Bitte, jetzt schalte ihn wieder an.‹« (zit. nach Urbanowicz et al., 2016a, S. 20)

Die Formen der Verständigung und das Spektrum der kommunikativen Funktionen, die im Alltag zu beobachten sind, ließen sich auch in systematischen Studien bestätigen. Sigafoos et al. (2011) stellten eine systematische Übersicht über acht Studien zusammen, die bis zu diesem Zeitpunkt veröffentlicht worden waren und sich auf standardisierte Fragebögen stützten, die die Eltern ausfüllen, auf Interviews mit Fachkräften oder auf direkte Beobachtungen. Danach werden der Gesichtsausdruck, Körperbewegungen, undifferenzierte Vokalisation oder – am häufigsten – die Blickrichtung der Mädchen von den Eltern als Kommunikationsversuche interpretiert. Sie drücken damit einen Wunsch nach Aufmerksamkeit oder Protest aus, teilen Wünsche mit oder treffen Wahlentscheidungen zwischen verschiedenen Alternativen.

Bartolotta et al. (2011) befragten 116 Eltern von Mädchen mit Rett-Syndrom und 25 Fachkräfte, welche kommunikativen Fähigkeiten sie beobachten. Die Abbildung 4 zeigt die verschiedenen Modalitäten, die nach den Beobachtungen der Eltern und Fachkräfte zur Kommunikation eingesetzt werden. Fast 80 % setzen am häufigsten ihre Blickrichtung zur Verständigung im Alltag ein. Bilder oder Symboltafeln werden von 61.3 % der Mädchen und Frauen genutzt, eine elektronische Kommunikationshilfe von etwa 40 %. Die Steuerung gelang den Mädchen, die eine solche Hilfe benutzten, zu 60 % durch Berührung mit der Hand oder den Fingern, ebenso häufig durch ihre Blickrichtung. Die Bezugsperson beobachtet dabei die Augenbewegungen des Kindes, erkennt, welches Bildsymbol es fixiert, und lässt sich vom Kind bestätigen, dass dieses Symbol gemeint ist (»eye-pointing«).

Die Eltern und Fachkräfte wurden zusätzlich nach ihren Einschätzungen der Qualität der Verständigung gefragt. 73 % waren der Meinung, dass die Mädchen mindestens zehn Worte eindeutig verstanden. 55 % sagten, dass vertraute Personen die Kommunikationsversuche der Mädchen ein-

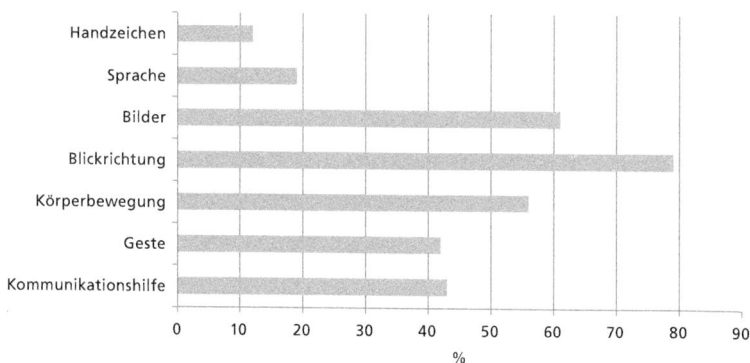

Abb. 4: Gebrauch von Kommunikationsformen bei Mädchen mit Rett-Syndrom (Bartolotta et al., 2011)

deutig interpretieren können. 65 % waren der Überzeugung, dass die Fähigkeiten von Mädchen mit Rett-Syndrom von den meisten Menschen unterschätzt werden. Eltern stimmten diesen Äußerungen signifikant häufiger zu als Fachkräfte. Die meisten Eltern waren der Überzeugung, dass die motorischen Steuerungsprobleme (Apraxie) die Mädchen an Kommunikationsversuchen hindern, und zweifelten an einer schweren geistigen Behinderung.

Urbanowicz et al. (2016b) verwendeten das »Communication and Symbolic Behavior Scales Developmental Profile« (CSBS), das sich zur Einschätzung der kommunikativen Fähigkeiten von Kindern in den ersten beiden Lebensjahren mit unbeeinträchtigter Entwicklung bewährt hat. Sie legten 151 Eltern von Mädchen und Frauen mit Rett-Syndrom 14 Items aus diesem Fragebogen vor, mit denen sich eine intentionale Kommunikation beschreiben ließ. Nach den Angaben der Eltern lächelten 73 % der Mädchen ihre Bezugspersonen an, 30 % schauten nach ihnen, wenn sie sich einem Spielzeug zuwendeten, 20 % schauten nach einem Objekt, wenn der bzw. die Erwachsene darauf zeigte (»joint attention«). Ein Drittel berührte ein Objekt, 40 % versuchten auf diese Weise, die Aufmerksamkeit auf sich zu lenken.

Didden et al. (2010) befragten 120 Eltern nach den kommunikativen Funktionen, die sie bei ihren Töchtern (überwiegend im Jugend- und Erwachsenenalter) beobachten. Die Autor:innen verwendeten dazu das »Inventory of Potential Communicative Acts« (IPCA). Bei 50 % war das Rett-Syndrom in seiner klassischen Form, bei 24 % in einer atypischen Form diagnostiziert (bei den übrigen lagen keine entsprechenden Angaben vor). Häufigste Modalität der Verständigung, die die Eltern berichteten, war auch in dieser Studie die gezielte Blickrichtung der Mädchen und ihr Lächeln. Die Verteilung der Kommunikationsformen variierte mit der jeweiligen Funktion. Um die Aufmerksamkeit eines Gegenübers auf sich zu lenken, suchten die Mädchen häufig Blickkontakt oder berührten ihn. Um den Wunsch nach einem Objekt auszudrücken oder zwischen zwei Alternativen zu wählen, benutzten sie das »eye-pointing« – die gezielte Blickrichtung – wesentlich öfter als andere Kommunikationsformen.

Eine Differenzierung, welche Verhaltensweisen der Mädchen eine kommunikative Intention haben, ist nicht immer einfach. Dahlgren-Sandberg et al. (2000) und Hetzroni und Rubin (2006) analysierten das Verhalten bei jeweils acht Mädchen und Frauen mit Rett-Syndrom. Auch in diesen Studien ließ sich eine kommunikative Absicht am häufigsten an der Blickrichtung der Mädchen erkennen, während andere Ausdrucksformen weniger eindeutig zuzuordnen waren.

In einer anderen Studie wurden die Eltern und pädagogischen Fachkräfte gebeten, Videoaufzeichnungen von drei Mädchen mit Rett-Syndrom in Alltagssituationen auf mögliche kommunikative Funktionen einzelner Verhaltensweisen zu beurteilen (Julien et al., 2015). 85 % der beobachtbaren Verhaltensweisen schrieben sie die Absicht zu, ein Objekt zu erbitten, etwas zu kommentieren oder gegen etwas zu protestieren. Es zeigte sich jedoch eine erhebliche Variabilität und nur eine mäßige Übereinstimmung zwischen den Beobachter:innen (vor allem bei der Interpretation von Verhaltensweisen als Wunschäußerung). Sie schwankte je nach Situation zwischen 5 und 87 %. Dies spricht dafür, dass Eltern, mit den Kindern nicht vertraute Personen sowie Fachkräfte, die mit den Kindern arbeiten, zwar viele Verhaltensweisen als kommunikativ ansehen, sich in ihrer Interpretation der jeweiligen Absicht aber deutlich unterscheiden können.

Eigene Untersuchung zur Form und Funktion vorsprachlicher Kommunikation

Die Variabilität und Art der vorsprachlichen Verständigungsfähigkeiten erhoben wir auch in unserer eigenen Untersuchung, die wir in Zusammenarbeit mit der Eltern-Selbsthilfegruppe durchführten (Sarimski, 2003a). Wir baten dazu die Eltern von 83 Mädchen mit Rett-Syndrom, einen standardisierten Fragebogen zu kommunikativen Fähigkeiten (»Preverbal Communication Schedule«, PVCS) auszufüllen. Mit Hilfe dieses Fragebogens lassen sich u. a. die Fähigkeiten eines Kindes zur Aufmerksamkeitssuche oder Kontaktaufnahme, Äußerung von Wünschen oder Bedürfnissen, Ablehnung und Etablierung gemeinsamer Aufmerksamkeit dokumentieren.

72 Mädchen waren nicht in der Lage, verbal zu kommunizieren. Bei 11 Mädchen lag eine atypische Variante des Rett-Syndroms mit einer erhaltenen Sprachfunktion vor. Allerdings war der expressive Wortschatz auch in dieser Gruppe eng begrenzt. Nach Elternangaben benutzten vier Kinder fünf Wörter, zwei Kinder drei bzw. vier, ein Kind sieben Worte und zwei Kinder zehn Worte.

Die Tabelle 3 zeigt, welche non-verbalen kommunikativen Fähigkeiten von den Eltern bei ihren Töchtern manchmal bzw. regelmäßig beobachtet wurden. 72% lächelten die oder den Erwachsene:n – manchmal oder regelmäßig – an, wenn sie etwas möchten. 40% waren in der Lage, ihn bzw. sie zu diesem Zweck zu berühren und anzuschauen. 47% richteten ihren Blick gezielt auf einen Gegenstand oder ein Bild, um zu zeigen, dass sie dies möchten.

Tab. 3: Vorsprachliche Kommunikationsformen bei 83 Mädchen mit Rett-Syndrom (PVCS; Angaben in Prozent; Sarimski, 2003a)

Kommunikative Fähigkeiten	Regelmäßig	Manchmal
Aufmerksamkeitssuche		
Streckt Arme aus	16.9	16.9
Nähert sich, um Aufmerksamkeit zu erhalten	31.3	16.9

Tab. 3: Vorsprachliche Kommunikationsformen bei 83 Mädchen mit Rett-Syndrom (PVCS; Angaben in Prozent; Sarimski, 2003a) – Fortsetzung

Kommunikative Fähigkeiten	Regelmäßig	Manchmal
Nähert sich und lautiert, um Aufmerksamkeit zu erhalten	25.3	22.9
Ausdruck von Wünschen und Bedürfnissen		
Zeigt auf ein Bild oder Objekt bei Wahlgelegenheit	8.4	10.8
Gibt Erwachsenen ein Objekt, wenn es Hilfe braucht	2.4	3.6
Schaut auf ein Bild oder Objekt und Erwachsene:n	27.7	19.3
Benutzt (nachahmende) Geste	2.4	3.6
Schiebt oder zieht jmd. an gewünschten Ort	2.4	7.2
Berührt jmd. und blickt ihn oder sie an	18.1	22.9
Lächelt jmd. an, wenn es etwas möchte	47.0	25.3
Etablierung von gemeinsamer Aufmerksamkeit		
Zeigt auf ein Bild, um Aufmerksamkeit zu lenken	4.8	4.8
Schiebt oder zieht jmd. hin, um etwas zu zeigen	1.2	8.4
Zeigt auf Objekt, um Aufmerksamkeit zu lenken	4.8	7.2
Lautiert, um Aufmerksamkeit zu lenken	13.3	21.7
Ausdruck von Ablehnung		
Wirft sich auf den Boden	10.8	10.8
Winkt, dass jmd. gehen soll	1.2	2.4
Runzelt die Stirn	21.7	26.5
Schlägt nach Person, wenn sie es frustriert	15.7	13.3

Wenn sie die Aufmerksamkeit des bzw. der Erwachsenen auf sich lenken möchten, näherten sich 48 % der Mädchen gezielt dem oder der Erwachsenen und bildeten einzelne Laute; 34 % streckten die Arme aus. Die Aufmerksamkeit des oder der Erwachsenen auf ein »gemeinsames Thema« zu lenken, fiel vielen Mädchen mit Rett-Syndrom schwer. Auf ein Objekt oder ein Bild zu zeigen, war die Ausnahme. Ablehnung von Aufforderungen und sozialen Angeboten oder Frustrationen waren aus Sicht der

Eltern bei der Hälfte der Mädchen dagegen deutlich an der Mimik zu erkennen.

Die Häufigkeitsangaben, die wir in dieser Studie erhoben, zeigten – wie in den anderen zitierten Untersuchungen – eine beträchtliche Variabilität im kommunikativen Ausdrucksvermögen innerhalb der Gruppe der Mädchen mit Rett-Syndrom. Das Alter spielte dabei keine entscheidende Rolle. Mädchen mit zusätzlicher Epilepsie verfügten nach Elternangaben über weniger kommunikative Fähigkeiten zur sozialen Kontaktaufnahme und zur Mitteilung von Wünschen. Mädchen mit einer atypischen Form des Rett-Syndroms unterschieden sich in jedem Aspekt der non-verbalen Kommunikationsfähigkeit von Mädchen mit der klassischen Form (▶ Abb. 5). Sie zeigten mehr Fähigkeiten zur Mitteilung von Bedürfnissen und Wünschen, zur Etablierung gemeinsamer Aufmerksamkeit, zur Ablehnung von Aufforderungen und zur sozialen Kontaktaufnahme.

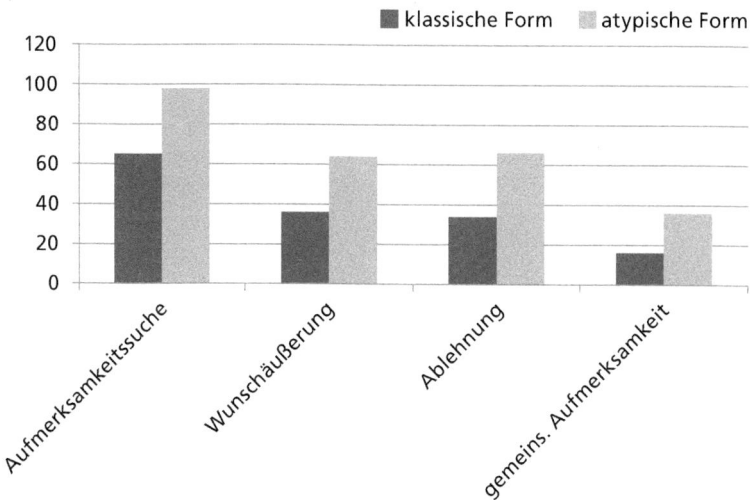

Abb. 5: Kommunikative Ausdrucksformen bei Mädchen mit klassischer vs. atypischer Form des Rett-Syndroms (Sarimski, 2003a)

… 3 Kognitive, kommunikative und adaptive Kompetenzen

Gebrauch von Kommunikationstafeln und elektronischen Kommunikationsgeräten

Zusätzlich zu den körpereigenen Ausdrucksweisen lernen viele Mädchen mit Rett-Syndrom, bild- oder symbolgestützte Kommunikationsformen als Alternative zu lautsprachlicher Verständigung zu nutzen (»Unterstützte Kommunikation«). Dabei sind einfache Kommunikationshilfen, auf denen eine Auswahl von Bildern und Symbolen angeboten wird, unter denen ein Kind durch Hinzeigen oder gezielte Blickrichtung wählen kann, von elektronischen Kommunikationshilfen zu unterscheiden, bei denen die Bilder oder Symbole auf dem PC oder iPad präsentiert werden und komplexere Äußerungen erlauben, die mit einer Sprachausgabe durch das Gerät verbunden werden können.

Cass et al. (2003) untersuchten die kommunikativen Fähigkeiten bei 87 Mädchen und Frauen. Zwei Drittel von ihnen setzten die Blickrichtung mit kommunikativer Absicht ein und die Hälfte war in der Lage, dabei die Wahl zwischen verschiedenen Bildern zu treffen. Nach den Ergebnissen einer schwedischen Studie, an der sich die Eltern von 125 Kindern beteiligten, nutzten dort ein Drittel der Mädchen eine Form der Unterstützten Kommunikation (Lavas et al., 2006). Dabei handelte es sich offenbar überwiegend um einfache Kommunikationstafeln mit Bildern, deren Auswahl sie mit Ja-Nein-Antworten (entsprechend ihren Möglichkeiten) bestätigten. In den meisten Fällen war die Wahl an der Blickrichtung der Mädchen zu erkennen. Auch in der bereits erwähnten Studie von Bartolotta et al. (2011) gaben 61 % der Eltern von Mädchen mit Rett-Syndrom an, dass sie Bild- oder Symbol-gestützte Kommunikationsformen nutzen; 40 % nannten dabei elektronische Kommunikationsgeräte. Zwei Mütter berichten:

»Lyndsay kommuniziert gut mit ihrem Blick. Wir geben ihr je nach Wunsch eine Auswahl von vier bis sechs Bildern pro Situation. Ihr Wortschatz hat sich im Zuge ihrer kognitiven Entwicklung enorm erweitert. Am Anfang übten wir mit ihr, die Bilder zu berühren oder mit dem Blick anzusteuern. Wir merkten bald, dass Lyndsay sich viel schneller äußern konnte, wenn sie nur ihre Augen benutzte. Es frustrierte sie sehr, auf ihre Hände warten zu müssen.« (zit. nach Hunter, 2007, S. 288)

»Sie nutzt ihre Kommunikationstafeln am erfolgreichsten, wenn sie an der Wand aufgehängt sind, da ihr das Laufen dabei zu helfen scheint, ihre Motorik dann besser beim Zeigen steuern zu können. Sie initiiert die Kommunikation selbständig, indem sie zu den Tafeln geht, oder kommt zu einem Erwachsenen und schaut ihm direkt in die Augen, bis jemand sie dorthin begleitet. Oft zeigt sie selbständig auf ein Bild auf der Tafel, braucht aber manchmal eine körperliche Aufforderung mit leichter Stütze unter dem Arm. Sie ist sogar in der Lage, eine Menütafel zu verwenden, und sagt uns, welche Tafel sie verwenden möchte. ... Sie ist ein glücklicheres Mädchen geworden!« (zit. nach Hunter, 2007, S. 292)

Alternative Kommunikationshilfen dieser Art werden nicht nur bei Mädchen mit der klassischen Form des Rett-Syndroms eingesetzt. Sie können auch bei Mädchen mit einer atypischen Form, bei der einfache sprachliche Möglichkeiten erhalten bleiben, die Verständigungsmöglichkeiten erweitern. Wahl et al. (2014) befragen in einer deutschen Studie die Eltern von 39 Mädchen mit einer atypischen Form des Rett-Syndroms (CDKL5-Mutation). Etwa die Hälfte der Eltern gaben an, dass ihre Töchter elektronische Kommunikationshilfen nutzen.

Mädchen mit Rett-Syndrom setzen ihre Mimik, Körperhaltung, Vokalisation und – vor allem – ihre Blickrichtung ein, um Wünsche und Bedürfnisse, Unbehagen oder Protest sowie ihr Verständnis von sprachlichen Mitteilungen oder Abläufen in ihrer Umwelt auszudrücken. Diese körpereigenen Formen der Verständigung sind nicht immer eindeutig zu deuten. Die Mädchen können zusätzlich lernen, ihre Wünsche und Bedürfnisse mittels Kommunikationstafeln und elektronischer Kommunikationshilfen mitzuteilen und sich mit diesen Hilfen auch an Gesprächen zu beteiligen. Durch eine systematische

> Förderung dieser Fähigkeit lässt sich eine bedeutsame Verbesserung für die Lebensqualität der Mädchen und ihrer Familien erreichen.

Adaptive Kompetenzen

Die ausgeprägte Apraxie, Handstereotypien, Einschränkungen der Mobilität und der Kommunikation, die für Mädchen mit Rett-Syndrom charakteristisch sind, erschweren nicht nur den Erwerb von Fähigkeiten zur Beteiligung an Spiel- und Freizeitbeschäftigungen sowie schulischen Lernaktivitäten, sondern bringen einen umfangreichen Unterstützungsbedarf beim Erwerb lebenspraktischer Kompetenzen zur Selbstversorgung und der sozialen Teilhabe im Allgemeinen mit sich. Der hohe Pflege- und Unterstützungsbedarf spiegelt sich z. B. in den Angaben von Eltern wider, die Leonard et al. (2001) mit Hilfe eines standardisierten Bogens zur Beurteilung der funktionalen Selbständigkeit bei Kindern (WeeFIM) an 86 Mädchen und Frauen mit Rett-Syndrom in vier Altersgruppen erhoben (▶ Tab. 4).

Tab. 4: Hilfebedarf bzw. Selbständigkeit bei 86 Mädchen und Frauen mit Rett-Syndrom (WeeFIM; Leonard et al., 2001)

Grad der Abhängigkeit	Vollständig	Teilweise hilfebedürftig	Selbständig
Selbstversorgung			
Waschen	84	2	0
Essen	73	13	1
Anziehen	85	1	0
Toilettengang	85	1	0
Sauberkeit			
Blasenkontrolle	76	9	1

Tab. 4: Hilfebedarf bzw. Selbständigkeit bei 86 Mädchen und Frauen mit Rett-Syndrom (WeeFIM; Leonard et al., 2001) – Fortsetzung

Grad der Abhängigkeit	Vollständig	Teilweise hilfebedürftig	Selbständig
Stuhlkontrolle	62	23	1
Fortbewegung			
Allgemein	58	13	15
Treppensteigen	59	20	7

Kompetenzen im Bereich der Kommunikation, Sozialisation, den praktischen Fertigkeiten (»daily living skills«) und motorische Fähigkeiten – zusammengefasst unter dem Begriff der »adaptiven Kompetenzen« – lassen sich z. B. mit der »Vineland Adaptive Behavior Scale« beurteilen, die auch in einer deutschen Version vorliegt (VABS-3; Sparrow et al., 2021). Dabei werden die Eltern oder pädagogischen Fachkräfte nach ihren Beobachtungen gefragt, welche Kompetenzen die Kinder im Alltag zeigen.

Cianfaglione et al. (2015a) setzten diese Skalen bei Mädchen mit Rett-Syndrom im Alter zwischen vier und elf Jahren ein. Die Altersäquivalente, die anhand der Normen der VABS ermittelt wurden, lagen für den Gesamtwert und die kommunikativen Fähigkeiten bei 10 Monaten, für die Fertigkeiten zur Selbstversorgung bei 12;7 Monaten. Für den Bereich der sozialen Fertigkeiten wurde ein Altersäquivalenzwert von 9;0 Monaten und für den Bereich der motorischen Fähigkeiten von 5;5 Monaten ermittelt. Es fanden sich signifikante Zusammenhänge zwischen den motorischen Fähigkeiten und den Fähigkeiten zur Selbstversorgung mit dem Alterszeitpunkt, in dem die Regression einsetzte. Bei Mädchen, bei denen die Regressionsphase später einsetzte, blieben etwas höhere Kompetenzniveaus erhalten.

Semmel et al. (2019) legten eine systematische Übersicht über 23 Studien vor, bei denen die adaptiven Kompetenzen von Mädchen und Frauen mit Rett-Syndrom in unterschiedlichen Altersgruppen mit den Vineland-Scales oder ähnlichen Verfahren zur Beurteilung adaptiver Kompetenzen erhoben wurden. Das mittlere Entwicklungsalter der adaptiven Kompetenzen lag bei zwölf Monaten (Standardabweichungen von drei bis fünf

Monaten), war also als weit unterdurchschnittlich zu klassifizieren (wie bei Kindern und Jugendlichen mit schwerster intellektueller Behinderung). Im Bereich der sozialen Fertigkeiten zeigten sich durchweg die stärksten Einschränkungen. In zwei großen Stichproben zeigten sich allerdings bei jeweils 39 % nur relativ geringe Einschränkungen in der Mobilität; ein Teil der Mädchen und Frauen konnten z. B. selbständig vom Stuhl aufstehen oder Treppen steigen.

Die Fertigkeiten zur Selbstversorgung variierten in gewissem Maße mit dem Alter, dem Zeitpunkt, zu dem die Regressionsphase einsetzte, und dem Mutationstyp, der der Entwicklungsstörung zugrunde liegt. Jugendliche und Frauen mit Rett-Syndrom zeigten in diesem Bereich etwas höhere Kompetenzen als jüngere Mädchen. Sie bleiben jedoch weitgehend auf Unterstützung beim Essen, Baden, Anziehen und Toilettengang angewiesen (Mount et al., 2003; Monteiro et al., 2014; Pidcock et al., 2016).

> Die Entwicklung von adaptiven Kompetenzen zur Selbstversorgung und zur sozialen Teilhabe an Aktivitäten in der Umwelt sowie – in geringerem Maße – zur Mobilität ist beim Rett-Syndrom durch die neurologischen Störungen sehr stark eingeschränkt. Mädchen und Frauen mit Rett-Syndrom bleiben bei der Bewältigung von alltäglichen Anforderungen in hohem Maße auf die Unterstützung durch ihre Eltern und Bezugspersonen angewiesen.

4 Behandlungsansätze und ihre Wirksamkeit

Die Komplexität der Entwicklungsstörung beim Rett-Syndrom legt es nahe, dass die Eltern sich über das Spektrum der Behandlungsmöglichkeiten zu informieren versuchen. Leonard et al. (2001) befragten 86 Familien in verschiedenen Ländern, welche therapeutischen Angebote sie nutzen. 85% nannten dabei die Ergotherapie, 78% die Physiotherapie, 77% die Sprachtherapie, 29% eine Hydrotherapie, 17% eine Reittherapie und 9% die Musiktherapie. Die Nutzung von Therapieangeboten scheint jedoch in verschiedenen Ländern sehr unterschiedlich. In einer englischen Studie, die 1995 durchgeführt wurde, erhielten 77% Physiotherapie (in unterschiedlicher Intensität), 45% Hydrotherapie, nur 36% Sprachtherapie, 10% Ergotherapie und 30% Musiktherapie (Lewis & Wilson, 2013[2]).

In unserer eigenen Erhebung (Sarimski, 2003a), die in Zusammenarbeit mit der deutschen Eltern-Selbsthilfegruppe durchgeführt wurde und sich auf 83 Mädchen mit Rett-Syndrom bezog, wurden nach Angaben der Eltern 78 Mädchen regelmäßig physiotherapeutisch behandelt, 53 Mädchen erhielten Ergotherapie, 34 Mädchen nahmen am therapeutischen Reiten teil, 28 Mädchen erhielten Musiktherapie und 16 Mädchen eine logopädische, sprachtherapeutische Behandlung. Die Daten aus allen drei Studien beziehen sich allerdings auf Erhebungszeitpunkte, die mindestens 20 Jahre zurückliegen. Neuere Daten fehlen, sodass die Frage, ob sie heute noch für die Nutzung therapeutischer Angebote repräsentativ sind, nicht eindeutig zu beantworten ist.

Es liegen aktuelle, empirisch fundierte Leitlinien zur ärztlichen Begleitung von Mädchen mit Rett-Syndrom (Fu et al., 2020) sowie zur Förderung kommunikativer Fähigkeiten einschließlich der Verwendung von Eye-Tracking-Technologie (Townend et al., 2020a; ▶ Kap. 5) vor. Relativ wenige Studien finden sich dagegen zur Evaluation von Ansätzen zur

Behandlung der motorischen Einschränkungen sowie der Verhaltensauffälligkeiten von Mädchen und Frauen mit Rett-Syndrom. Amoako und Hare (2020), Lim et al. (2020) und Fonzo et al. (2020) stellten Übersichten über Therapiestudien zusammen, die sich mit der Verbesserung von grobmotorischen, feinmotorischen und kommunikativen Fertigkeiten bei Mädchen und Frauen mit Rett-Syndrom beschäftigten (▶ Abb. 6). Es handelt sich überwiegend um systematische Einzelfallstudien (Verlaufsstudien mit A-B- oder A-B-A-B-Design) oder Berichte über den Behandlungsverlauf bei sehr kleinen Stichproben. Nur wenige Studien umfassen mehr als zehn Mädchen oder Frauen mit Rett-Syndrom. Außerdem fehlt es weitgehend (bis auf zwei Ausnahmen) derzeit noch an Studien, die eine Kontrollgruppe verwendeten. Solche Studien würden die Evidenzbasis für die Wirksamkeit von Behandlungsmaßnahmen stärken.

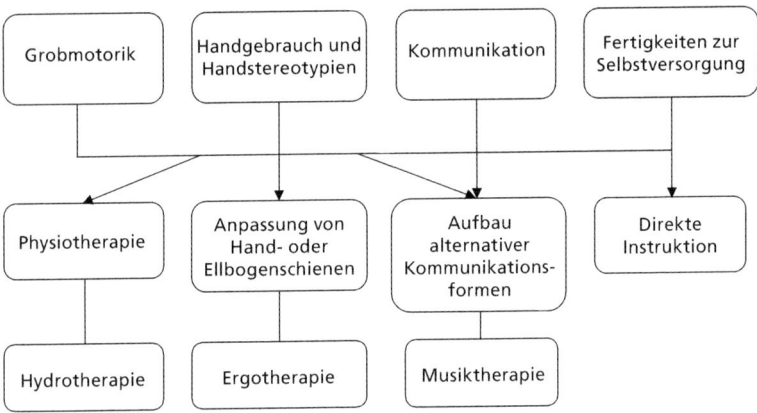

Abb. 6: Entwicklungsbereiche und Behandlungsansätze beim Rett-Syndrom

Förderung grobmotorischer Fähigkeiten durch Physiotherapie

Therapieziele in der Physiotherapie bestehen – wie bei jeder neurologischen Störung – u. a. in einer Verbesserung der posturalen Kontrolle beim Aufstehen oder Hinsetzen, einer Stabilisierung des Gleichgewichts beim Gehen, in der Prävention von Kontrakturen sowie in der Förderung der Selbständigkeit (Lotan & Hanks, 2006). Bei Mädchen und Frauen mit Rett-Syndrom kommt hinzu, dass die Ausführung von »geplanten« Bewegungen blockiert wirkt (Apraxie), sodass bei der Behandlung auch nach Strategien gesucht werden muss, wie Ängste der Mädchen vor solchen Übungsanforderungen gesenkt werden und vielfältige Gelegenheiten für Wiederholungen von Bewegungsabläufen zu ihrer Automatisierung geschaffen werden können.

Die vorliegenden Studien sprechen dafür, dass Physiotherapie bei Mädchen und Frauen mit Rett-Syndrom dazu beitragen kann, dass einige motorische Funktionen durch regelmäßige Übung aufrechterhalten oder verbessert werden können (Lim et al., 2020). Physiotherapie ist daher bereits in der Frühförderung ein wesentlicher Teil des Behandlungsprogramms. Die Aufrechterhaltung des freien Gehens durch physiotherapeutische Übungen reduziert das Risiko der Entwicklung einer Osteoporose und einer Skoliose, wirkt einer Konstipation entgegen und kann einer späteren Verschlechterung der motorischen Funktionen (in der Entwicklungsstufe IV) vorbeugen.

Voraussetzung für den Erfolg einer Physiotherapie ist, dass der bzw. die Therapeut:in behutsam Kontakt zu dem Kind aufnimmt, es an die Übungen langsam gewöhnt, sie immer in der gleichen Reihenfolge durchführt, sodass das Kind Sicherheit gewinnen und Freude an der körperlichen Bewegung entwickeln kann. Die Intensität der therapeutischen Übungen muss an die Bereitschaft des Kindes zur Mitarbeit angepasst werden, die je nach Tagesform wechseln kann. Die Motivation der Mädchen zur aktiven Teilnahme an den Übungen kann durch begleitende Musik, Videos, Spiele, die mit Tasten aktiviert werden, oder die stetige

Ermutigung durch andere Kinder oder Familienmitglieder gefördert werden (Lotan & Hanks, 2006).

Die Planung des physiotherapeutischen Programms beruht auf einer sorgfältigen Beobachtung, über welche grobmotorischen Fertigkeiten das Mädchen (noch) verfügt. Die Ziele müssen individuell geplant werden. Zu den Hilfsmitteln, die eingesetzt werden können, gehören Stehständer und Schienen (die z. B. in der Nacht zur Vorbeugung von Kontrakturen angepasst werden können).

In der Übersicht, die Lim et al. (2020) vorlegten, richteten sich elf Studien auf die Verbesserung grobmotorischer Funktionen durch eine Physiotherapie und bezogen sich auf 35 Mädchen und Frauen mit Rett-Syndrom. Die Therapieintensität und Therapiedauer waren hoch, die mittlere Dauer betrug mehr als 60 Wochen mit drei Therapiesitzungen pro Tag an vier Tagen pro Woche. Einige dieser Studien seien kurz skizziert.

Lotan et al. (2004) legten eine Serie von Einzelfallberichten vor, nach denen bei vier Mädchen mit Rett-Syndrom (acht bis elf Jahre) ein tägliches Training auf einem Laufband zu einer Verbesserung der Fähigkeit zum Treppensteigen und der Flüssigkeit der Bewegungsabläufe beim freien Laufen führte. Es handelte sich um ein zweimonatiges Trainingsprogramm mit 46–50 Übungssitzungen, die durchschnittlich 20 Minuten dauerten.

Lotan et al. (2012) evaluierten den Effekt einer täglichen konduktiven Förderung (nach Petö) in einer Kindertagesstätte bei drei Mädchen mit Rett-Syndrom (drei bis fünf Jahre). Alle Aktivitäten hatten – wie in der konduktiven Förderung üblich – einen rhythmischen, ritualisierten Charakter und wurden von Liedern und sprachlicher Ermutigung begleitet. Es ließ sich eine Verbesserung grobmotorischer Fähigkeiten über einen Behandlungszeitraum von 18 Monaten feststellen. Die Studie enthält jedoch keine differenzierten Daten zur Therapiedurchführung und zu den Effekten auf einzelne motorische Funktionen.

Downs et al. (2018) evaluierten die Effekte eines alltagsintegrierten Programms zur sensorischen und motorischen Anregung (»environmental and sensory enrichment«) bei zwölf Mädchen mit Rett-Syndrom (durchschnittliches Alter drei Jahre). Bei dieser Studie wurde eine Wartelisten-Kontrollgruppe verwendet, um den Zusammenhang zwischen motorischen Fortschritten und Therapiebeginn zu belegen. Die Therapie umfasste zwei bis drei Stunden pro Tag an sechs Tagen in der Woche über einen

Zeitraum von sechs Monaten. Es handelt sich somit um eine extrem aufwendige Intervention, die in Zusammenarbeit mit hoch motivierten Eltern in Taiwan organisiert wurde. Die Intervention wurde in einem Gruppensetting durchgeführt mit individuell ausgewählten Zielen für jedes Kind und einer 1:1-Zuordnung von Physiotherapeut:innen. Die Intervention umfasste grobmotorische Aktivitäten, die in motivierende Bedingungen (z.B. Lieder) eingebettet wurden. Im Laufe der Therapie benötigten die Mädchen zunehmend weniger Assistenz bei diesen grobmotorischen Aktivitäten und es zeigte sich ein signifikanter Effekt gegenüber der Wartelisten-Kontrollgruppe.

Eine Physiotherapie kann auch zumindest bei einigen Mädchen dazu beitragen, ein gewisses Maß an Mobilität wieder zu erlangen, wenn sie die Fähigkeit zum freien Laufen verloren haben. Larsson und Engerstrom (2001) legten Einzelfallberichte zur Effektivität langfristiger Physiotherapie vor, durch die die Fähigkeit zum Laufen wieder erreicht werden und Gelenkkontrakturen vermieden werden konnten. Lotan und Gootman (2012) berichteten einen positiven Effekt durch langfristige Physiotherapie über drei Jahre bei einer Jugendlichen mit Rett-Syndrom, die bereits fünf Jahre auf einen Rollstuhl angewiesen war. Das Mädchen lernte wieder, selbständig aufzustehen, frei zu stehen und mit Unterstützung zu laufen.

Eine Einbeziehung der Eltern und die Durchführung von Übungen im häuslichen Rahmen sind unerlässlich. Lotan et al. (2021) berichteten über individuell zusammengestellte physiotherapeutische Übungen, die über einen Zeitraum von drei Monaten von den Eltern zu Hause durchgeführt und über Skype von den Therapeut:innen supervidiert wurde. Das Programm wurde in 40 Familien evaluiert. Elf Mädchen mit Rett-Syndrom waren unter zehn, 19 weitere unter 20 Jahre alt. Auch hier handelte es sich um ein Wartelisten-Kontrollgruppen-Design, bei dem das Programm bei der Hälfte der Familien erst nach sechs Monaten begonnen wurde. Bei 46% ergab sich nach Abschluss der Therapie eine Verbesserung in den als Therapieziele ausgewählten motorischen Fähigkeiten, bei 20% setzten sich diese Fortschritte auch in einem Follow-up-Zeitraum fort. Bei 85% zeigte sich auch eine Verbesserung in der Bewertung in einem standardisierten Instrument zur Beurteilung grobmotorischer Fähigkeiten bei Mädchen mit Rett-Syndrom.

Einige Äußerungen der Eltern zum Erfolg der Behandlung und den Umständen der Übungsdurchführung zu Hause, die der Studie von Lotan et al. (2021) entnommen sind:

»Wir haben einen bemerkenswerten Fortschritt festgestellt. Die Gehfähigkeit unserer Tochter hat sich deutlich verbessert, sie kann jetzt einige Schritte sogar selbständig gehen.« (zit. nach Lotan et al., 2021, S. 7, Übers. K. S.)

»Das Programm für meine Tochter war individuell für sie geplant. Wir haben es auch geschafft, es in die anderen Kontexte zu integrieren, in die Schule und das Rehabilitationszentrum. Dieses Projekt war für meine Tochter und mich nützlich, weil ich nicht gedacht hätte, dass sie all diese Dinge tun könnte.« (zit. nach Lotan et al., 2021, S. 7)

»Wir glauben, dass das Programm sehr positiv war für unsere Tochter. Wir haben viele Fortschritte gesehen und Verbesserungen. Mit den Supervisionen per Skype ist es uns immer gelungen, das Programm an unsere Bedürfnisse anzupassen.« (zit. nach Lotan et al., 2021, S. 7)

Förderung grobmotorischer Fähigkeiten durch Hydro- oder Reittherapie

Neben individueller Physiotherapie gehört auch die Hydrotherapie zu den Behandlungsansätzen, die in Einzelfallstudien bei Mädchen mit Rett-Syndrom evaluiert wurden. Dabei geht es darum, das Kind dabei zu unterstützen, im Wasser das Gleichgewicht zu halten, sich treiben zu lassen und sich im Wasser zu bewegen. Auf diese Weise soll das Zutrauen der Mädchen in ihre Körperfunktionen gefördert und Ängstlichkeit abgebaut werden.

Auch bei der Hydrotherapie ist es wichtig, die Mädchen behutsam an die Aktivität im Wasser heranzuführen und sie bei Übergängen, z. B. dem Verlassen des Beckens, sensibel zu unterstützen. Die Bewegung in warmem Wasser trägt zur Entspannung der Mädchen bei und erlaubt ihnen eine bessere Körperkontrolle, eine Reduzierung der Muskelspannung und fördert die Durchblutung der Organe.

Bumin et al. (2003) führten zweimal wöchentlich Therapiestunden im Wasser mit einem elfjährigen Mädchen mit Rett-Syndrom durch. Sie sahen nach acht Wochen eine Verbesserung des Gleichgewichts, eine Zunahme der Interaktion mit der Umgebung und eine Reduzierung von Hyperaktivität und Ängstlichkeit. Es zeigten sich darüber hinaus eine Reduzierung der Handstereotypien sowie – auch außerhalb des Wassers – ein verbesserter Gebrauch der Hände beim Greifen und Halten von Objekten. Auch Lotan und Barnatz (2009) berichteten, dass durch ein Behandlungsprogramm, das sich über drei Jahre erstreckte, ein fünfjähriges Mädchen mit Rett-Syndrom lernte, sich frei im Wasser treiben zu lassen und zwei bis drei Schritte zu gehen. Über diese Einzelfallberichte hinaus fehlt es jedoch an systematischen Studien zur Generalisierung von Effekten der Hydrotherapie auf die Alltagssituation.

Ebenfalls positive Berichte, allerdings keine systematischen Studien liegen zur Reittherapie vor. Sie bietet sich an, um die motorische Unsicherheit der Mädchen auszugleichen durch eine Erleichterung der Balance auf dem Pferderücken. Auch hier kann allerdings nicht erwartet werden, dass die Verbesserungen der Körperkontrolle auf Situationen außerhalb der Reittherapie generalisieren. Eine Mutter berichtet z. B.:

»Taylor fühlt sich auf dem Pony sehr wohl und zeigt eine hervorragende Balance… Sie hat ein breites Lächeln und stößt mit ihrer Stimme immer wieder Freudenlaute aus. Zwei Menschen arbeiten gleichzeitig mit ihr. Einer führt das Pony und der andere geht nebenher und legt einen Arm um Taylors Arm und Rücken. Sie mag es besonders, wenn sie traben. Sie ist etwas nervös, wenn sie neu positioniert wird, aber sie ist einfach glücklich, solange sie sich bewegen. Sie hat auch begonnen, die Zügel ganz allein in der Hand zu halten und sich am Sattelknopf festzuhalten. Das ist eine wunderbare Aktivität und sie könnte sie ewig genießen.« (zit. nach Hunter, 2007, S. 381)

> Mädchen mit Rett-Syndrom reagieren offenbar positiv auf Programme zur Steigerung ihrer motorischen Aktivität. Eine physiotherapeutische Behandlung und die Aktivierung im Wasser schaffen Gelegenheiten zur Förderung der Koordination von Bewegungsabläufen und sollten deshalb kontinuierlich zum Behandlungsprogramm gehören. Sie tragen zur Vorbeugung von sekundären gesundheitlichen Beeinträchtigungen und zu einer Steigerung des Wohlbefindens der Mädchen bei. Eine intensive Therapie kann auch bei einigen Mädchen, die die Fähigkeit zum freien Laufen verloren haben, dazu beitragen, diese Fähigkeit wieder zu erlangen.

Reduzierung von Handstereotypien durch Hand- oder Ellbogenschienen

Ein zweites Therapieziel besteht in der Reduzierung der Handstereotypien. Lim et al. (2020) berichteten über elf Studien, bei denen eine Reduktion der Handstereotypien durch Anpassung von Tapes, die die Beweglichkeit von Daumen und Zeigefinger blockieren, oder festen Hand- oder Ellbogenschienen, die die Beugung des Ellbogens verhindern, untersucht wurde. Das Alter der Mädchen und jungen Frauen, bei denen der Einsatz von Hand- oder Ellbogenschienen erprobt wurde, schwankte zwischen drei und 20 Jahren.

Die Schienen müssen individuell angepasst werden. Sie sind besonders dann indiziert, wenn es zu Schädigungen der Haut oder des Gesichts durch eine extrem hohe Frequenz der Stereotypien kommt. Die Schienen werden nicht über Nacht getragen und meist nur in Verbindung mit Beschäftigungsangeboten mit Spielzeug oder technischen Geräten (z. B. im Rahmen der Kommunikationsförderung) angelegt. Viele, aber nicht alle Mädchen mit Rett-Syndrom tolerieren das Anlegen von Hand- oder Ellbogenschienen gut, wenn es nur für begrenzte Zeit erfolgt. Einige Elternerfahrungen:

»Alyssas Handbewegungen sind intensiver, wenn ihr etwas auf dem Herzen liegt. ... Manchmal verschafft ihr das bloße Anlegen der Schienen eine Verschnaufpause und sie macht einen großen Seufzer der Erleichterung! Ich glaube, dass sie die Bewegungen mit den Händen auch nicht gerne macht, aber nicht weiß, wie sie sie stoppen kann.« (zit. nach Hunter, 2007, S. 125)

»Mit den Schienen kann sie die Hände immer noch zum Mund führen, aber es ist viel ›leichter‹ und es gibt längere Zeiträume, in denen sie tatsächlich ihre Hände sinken lässt, besonders beim Essen. Wir stellen fest, dass wir ihr bei der Ergotherapie Schienen anlegen müssen, damit sie längere Zeit sitzen bleiben und dabei tatsächlich etwas tragen kann.« (zit. nach Hunter, 2007, S. 125)

»Anfangs waren wir uns nicht ganz sicher, ob wir ihren Ellenbogen schienen sollten. Aber jetzt sind wir so froh, dass wir es tun. Es macht einen großen Unterschied, sie scheint viel glücklicher zu sein – jetzt kann sie wieder mit ihren Spielsachen spielen! ... Die Haut an ihrer Hand beginnt wieder weicher zu werden und die Wunden sind verheilt.« (zit. nach Hunter, 2007, S. 126)

Bei einigen Mädchen können Handstereotypien auch durch Umwickeln der nicht dominanten Hand (z. B. mit einer Stoffwindel) oder Gewichte an den Handgelenken reduziert werden. Einige Eltern berichten:

»Früher – vor der Anpassung von Schienen – haben wir ihre nicht dominante Hand umwickelt und sie locker an den Rollstuhl gebunden, an die Armlehne.« (zit. nach Hunter, 2007, S. 126)

»Es ist erstaunlich, wie viel aufmerksamer und konzentrierter sie ist, wenn ihre Hände nicht im Weg sind. Wir verwenden Gewichte, die am Knöchel oder dem Handgelenk ihrer rechten Hand mit einem Klettverschluss befestigt werden. Wir haben auch schon Handgelenkschützer für Rollerbladers entweder an ihrer Hand verwendet oder ihren Ellbogen damit umwickelt, um ihn gestreckt zu halten.« (zit. nach Hunter, 2007, S. 123)

Smith et al. (1995) versuchten eine Modifikation der Handstereotypien nach verhaltenstherapeutischen Prinzipien durch negative Konsequenzen und differenzielle positive Verstärkung von Exploration von Spielsachen. Sie erreichten dadurch jedoch keinen dauerhaften Effekt auf die Symptomatik bei drei Mädchen im Alter von drei Jahren. In einer Einzelfallstudie gelang eine Reduzierung auch durch kurzes Festhalten der Hände, während gleichzeitig Spielzeuge angeboten wurden. Die Therapiesitzungen wurden acht- bis zehnmal täglich für je zehn Minuten durchgeführt. Die Effekte generalisierten allerdings nicht auf Settings außerhalb der Therapie (Roane et al., 2001). Ein reines Angebot von Spielmöglichkeiten als Alternative zu Handstereotypien hatte keinen Erfolg.

Förderung des Handgebrauchs

Lim et al. (2020) berichteten auch über zwölf Studien, bei denen der gezielte Handgebrauch bei spezifischen Aufgaben geübt wurde, z. B. zum Spiel an Musikinstrumenten, zum Bedienen von Geräten, die mit einer Taste in Gang gesetzt werden können, oder zum Führen von Besteck beim Essen. Von den 33 Mädchen und Frauen, bei denen dies versucht wurde, erreichten einige, aber nicht alle die angestrebten Fertigkeiten.

In mehreren Studien konnte die Bedienung von Geräten eingeübt werden, mit denen die Mädchen mit Rett-Syndrom z. B. ein beliebtes Lied abspielen können (Stasolla & Caffo, 2013; Lancioni et al., 2014). Dabei zeigte sich auch ein positiver Effekt auf die Stimmung der Mädchen. Nachdem diese Studien aufgrund einiger methodischer Unklarheiten kritisiert worden waren, replizierten Stasolla et al. (2019) eine Therapiestudie zur Förderung des Handgebrauchs bei sechs Mädchen (acht bis elf Jahre). Die Aufgabe bestand in der Zuordnung von Objekten zu den richtigen Behältern, z. B. zu Puppen oder Autos. Fünf Mädchen erwarben eine stabile Fähigkeit, Wahlentscheidungen zu treffen. Alle Mädchen zeigten eine deutliche Reduzierung der Stereotypien sowie Zeichen von Freude in der Interventionsphase, die sich auch bei erneutem Beginn der Therapie wieder beobachten ließen.

Eine systematische Förderung des Handgebrauchs gehört auch zu den Zielen der Ergotherapie. Es liegen allerdings nur wenige Einzelfallstudien vor, bei denen über Ergotherapie bei Mädchen mit Rett-Syndrom berichtet wird; sie geben kein eindeutiges Bild über die Wirksamkeit verschiedener ergotherapeutischer Ansätze. Drobnyk et al. (2019) berichteten über eine Studie bei fünf Mädchen mit Rett-Syndrom, in denen sich kleine positive Veränderungen des Handgebrauchs zeigten. Lotan (2006) empfahl u. a. einzelne Elemente der Sensorischen Integrationstherapie, bei der mit Tiefendruck, taktiler Stimulation und propriozeptiven Reizen (z. B. durch Übungen auf Schaukeln) gearbeitet wird. Zwei Mütter berichten über unterschiedliche Erfahrungen bei der Ergotherapie:

»Woche für Woche ließ die Ergotherapeutin Lyndie oft frustrierende feinmotorische Aktivitäten ausführen, wie zum Beispiel den Versuch, Blöcke in einen Eimer zu werfen oder Puzzleteile aneinander zu fügen. Das ist eine schwirige Aufgabe für Lyndie. Manchmal setzte sie Lyndie auf eine Schaukel, sehr zu ihrer Freude. Manchmal brachte sie die Schaukel aber auch zum Schreien.« (zit. nach Hunter, 2007, S. 373)

»Die sensorische Integrationstherapie hat bei Katie wirklich funktioniert. Sie ist sich ihrer Hände sehr bewusst und nutzt sie intensiver. Das Schwingen auf einer Plattformschaukel hat ihr die Tiefenwahrnehmung und das Gleichgewicht zurückgebracht... Wir probieren jetzt auch das Bürsten an den Handflächen aus. Sie kann jetzt ihre Hände entspannen, wenn sie dazu aufgefordert wird, und tatsächlich die Hand reichen, wenn sie weiß, dass sie gebürstet werden soll!« (zit. nach Hunter, 2007, S. 137)

4 Behandlungsansätze und ihre Wirksamkeit

Förderung sozialer Teilhabe in der Musiktherapie

Viele Mädchen mit Rett-Syndrom reagieren offenbar positiv auf musiktherapeutische Angebote. Im Rahmen der Musiktherapie kann die Aufmerksamkeit der Mädchen geweckt, ein gezielter Handgebrauch angeregt (z. B. das Schlagen auf eine »Ocean Drum« oder ein Tambourin) und zu einer Beteiligung an einem kommunikativen Dialog motiviert werden. Mädchen mit Rett-Syndrom können in diesem Rahmen auch lernen, eine eigene Wahl zu treffen zwischen Lieblingsstücken, die sie gern hören oder spielen möchten.

In einer Dissertation berichtete Elefant (2002; Elefant & Wigram, 2005) über seine Erfahrungen bei der Musiktherapie mit sieben Mädchen mit Rett-Syndrom im Alter zwischen vier und zehn Jahren. Die Intervention erstreckte sich über acht Monate mit drei Therapiesitzungen pro Woche von je 30 Minuten. Er beobachtete, dass die Mädchen im Laufe der Therapie immer weniger Zeit zu Reaktionen auf seine Angebote benötigten und klare Wahlen zwischen beliebten und unbekannten Liedern trafen. Sie brauchten anfangs 30–70 Sekunden, um ihre Wahl durch ihre Blickrichtung oder ein Antippen eines Bildsymbols zu zeigen, nach drei Therapiesitzungen lediglich noch 15 Sekunden oder weniger. Sie hatten sichtlich Freude an Tempowechseln, rhythmischen Partien und der Singstimme bei den musikalischen Aktivitäten. Die Eltern bestätigten, dass die Mädchen auch außerhalb der Musiktherapie zeigen konnten, welche Musikstücke sie bevorzugten.

Aufbauend auf diesen positiven Erfahrungen entwickelte der Autor ein musiktherapeutisches Projekt, bei dem Mädchen mit Rett-Syndrom an musikalischen Aktivitäten in inklusiven Gruppen in der Schule teilhatten. Elefant (2015) berichtet in einem Buchkapitel z. B. über die musiktherapeutische Behandlung eines Mädchens mit Rett-Syndrom:

> »Maya ist ein wunderschönes junges Mädchen mit Rett-Syndrom, das zweimal pro Woche zu individuellen Musiktherapiesitzungen kam. Mithilfe von Bildkommunikationssymbolen wählte sie die Instrumente aus, die sie spielen wollte oder die ich spielen sollte, sowie die Lieder, die ich singen sollte. Sie machte Fortschritte, indem sie immer mehr Instrumente spielte und ihr Liedrepertoire erweiterte, sodass sie ein Lied aus acht angebotenen verschiedenen Songs aus-

wählen konnte. Während einer der Sitzungen schlug ich Maya vor, dass sie mit der Hand einen Schlägel halten könne, um Xylophon zu spielen. Fast augenblicklich ließ sie den Schlägel los. Ich habe ein paar Mal versucht, ihr den Schlägel in die Hand zu geben, aber ohne Erfolg. Am Ende der Sitzung improvisierte ich ein Lied, das in Worten zusammenfasste, was wir während der Sitzung getan hatten. Maya war sehr aufmerksam und aufgeregt, als ich das Lied sang; sie lachte, näherte sich meinem Gesicht und versuchte mitzumachen, indem sie auf der Gitarre klimperte. Gegen Ende der zweiten Strophe sang ich: ›Und du hast erfolglos versucht, das Xylophon mit dem Schlägel zu spielen, und vielleicht könnten wir es das nächste Mal noch einmal versuchen.‹ Gerade als ich diese Zeile sang, hörte Maya auf zu lachen, ihr Gesicht wurde ernst und sie ging auf die Ausgangstür zu und versuchte, das Zimmer zu verlassen.« (zit. nach Elefant, 2015, S. 215; Übers. K. S.)

Positive Auswirkungen auf den Handgebrauch und die soziale Beteiligung von Mädchen mit Rett-Syndrom im Rahmen der Musiktherapie zeigten sich auch in weiteren Studien. Francis und Banai (2011) berichteten über positive Effekte auf die allgemeine Stimmung und die Beteiligung von fünf Mädchen mit Rett-Syndrom im Alter von elf bis 17 Jahren. Musiktherapeutische Angebote wurden dabei über einen Zeitraum von 15 Wochen in die schulische Förderung integriert. Hackett et al. (2013) werteten Videoanalysen von 14 Therapiesitzungen von je 30 Minuten Dauer über einen Zeitraum von sechs Monaten aus. Sie belegten bei einem vierjährigen Mädchen mit Rett-Syndrom ebenfalls eine Zunahme des Handgebrauchs und der Beteiligung am musikalischen Dialog (Häufigkeit des Turn-Takings).

Chou et al. (2019) evaluierten ein musiktherapeutisches Angebot über einen Zeitraum von 24 Wochen, das bei elf Mädchen mit Rett-Syndrom durchgeführt wurde. Im Vergleich zu einer Kontrollgruppe machten die Mädchen größere Fortschritte im Sprachverstehen – gemessen mit der entsprechenden Skala der Vineland Adaptive Behavior Scales (VABS) – und in der non-verbalen Kommunikation im Alltag. Auch wenn die Einschätzungen mit den Vineland-Skalen nur eine eingeschränkte Validität haben mögen, sprechen diese Beobachtungen dafür, dass positive Effekte der Musiktherapie auch auf den Alltag generalisieren.

Auch aus dem deutschen Sprachraum liegen Einzelfallstudien und Erfahrungsberichte zur (Orff-)Musiktherapie bei Mädchen mit Rett-Syndrom vor (von Dalwigk & Schwibs, 2004). In einer Studie von Gao (2019) zeigte die Auswertung von Videoaufzeichnungen aus Therapiesitzungen eine Zunahme der Aktivität eines Mädchens in der musikalischen Kommunikation, zunehmende Spielimpulse und musikalische Äußerungen im Verlauf der Behandlung sowie eine Verbesserung der Aufmerksamkeit und Bezugnahme auf die Therapeutin.

Sigafoos et al. (2023) beurteilten die Befunde zur Evaluation der Musiktherapie als vielversprechend. Allerdings merkten sie an, dass das therapeutische Vorgehen in den Studien nicht so detailliert beschrieben wurde, dass es nachvollziehbar und damit replizierbar wäre. Sie halten daher weitere Studien zur Wirksamkeit von Musiktherapie auf die kommunikativen Fähigkeiten von Mädchen mit Rett-Syndrom für erforderlich.

> Eine Reduzierung der Handstereotypien durch Hand- oder Ellbogenschienen, die bei bestimmten Aktivitäten angelegt werden, ist möglich. Der Gebrauch der Hände zum Spiel an Musikinstrumenten oder zum Bedienen von technischen Geräten mit Tastendruck kann durch intensives Training gefördert werden. Fortschritte in den feinmotorischen Funktionen gehen häufig mit einer Verbesserung der allgemeinen Stimmung, der Motivation der Mädchen zur Beteiligung an Aktivitäten und kommunikativen Dialogen einher. Musiktherapeutische Aktivitäten können dazu einen wertvollen Beitrag leisten.

Selbständiges Essen, Schlafen und Toilettentraining

In zwei Studien konnte durch direkte Instruktion mittels intensiver verbaler und manueller Hilfen (Prompting) und gezielte operante Verstärkung von Teilschritten die Fähigkeit aufgebaut werden, selbständig mit Löffel und Gabel zu essen (Piazza et al., 1993; Qvarfordt et al., 2009). Sie empfehlen dazu:

- eine optimale Positionierung,
- individuell angepasste Ess- und Trinkutensilien,
- die Verwendung von Handschienen zur Verhinderung von Handstereotypien, ohne das Greifen nach dem Löffel oder der Gabel unmöglich zu machen,
- eine Auswahl von Speisen (»Fingerfood«), die leicht mit einem Löffel zum Mund zu transportieren sind,
- die Unterstützung der Aufmerksamkeit der Mädchen vor Beginn der Mahlzeiten,
- intensive verbale und manuelle Hilfen (Prompting) sowie eine Anleitung unter Einbezug der Eltern.

Auch ein erfolgreiches Toilettentraining ist bei Mädchen mit Rett-Syndrom möglich. Trainingsprogramme mit diesem Ziel gehen auf eine grundlegende Arbeit von Azrin und Foxx (1971) zurück, die ihre Methode »Rapid Toilet Training« nannten. Das Vorgehen umfasst folgende Schritte:

- regelmäßiges Absetzen in festen Zeitabständen,
- Erhöhung der Zufuhr von Flüssigkeit (d. h. der Trinkmenge),
- Führung des Kindes (Herunterlassen der Hose, Blasenentleerung, Hochziehen der Hose, Spülen, Händewaschen),
- Verstärkung der Blasenentleerung auf der Toilette und milde negative Konsequenzen für »Misserfolge« (Entleerung außerhalb).

In einer Übersicht identifizierten Kroeger und Sorensen-Burnworth (2009) 28 Studien, die den Erfolg eines solchen Trainings zur Benutzung der Toilette bei Kindern, Jugendlichen und Erwachsenen mit unterschiedlichen Graden intellektueller Behinderung belegten. Es liegen keine systematischen Studien vor, die sich auf Mädchen mit Rett-Syndrom beziehen. Einige Einzelfallberichte zeigen jedoch, dass eine weitgehende Selbständigkeit beim Toilettengang möglich ist. Zwei Mütter erinnern sich:

> »Wir haben bei Angela im Alter von etwa zwei Jahren damit begonnen, sie aufs Töpfchen zu setzen, und zwar zu den Zeiten, in denen wir wussten, dass sie gehen musste, normalerweise nach dem Baden. Das haben wir etwa ein Jahr lang gemacht; sie hatte kein Interesse. Später

begannen wir, sie nach jeder Mahlzeit abzusetzen. Zu diesem Zeitpunkt erreichte sie ihre Darmkontrolle, die seit über zwei Jahren bei nahezu 100 Prozent liegt, es sei denn, sie ist krank. Von da an haben wir kleine Ausflüge zwischen den Mahlzeiten hinzugefügt… Sie kann uns darauf aufmerksam machen, wenn sie auf die Toilette muss. Es war ein langsamer Prozess, nicht ›über Nacht‹ wie bei der kleinen Schwester. Aber das Selbstwertgefühl, diesen Aspekt ihres Lebens kontrollieren zu können, ist einfach wunderbar, und die private Zeit, die wir dabei zusammen verbringen, ist für uns beide etwas Besonderes.« (zit. nach Hunter, 2007, S. 255)

»Wir haben ein Symbol für ›Ich möchte auf die Toilette gehen‹ auf ihrer Kommunikationstafel platziert und an geeigneten Orten aufgestellt. Leah benutzt es, wenn es so weit ist… Wenn wir den Überblick behalten, bleibt sie so den ganzen Tag trocken. Es gibt Zeiten, in denen sie sich so sehr anstrengt, es zurückzuhalten, dass sie uriniert, kurz bevor wir die Toilette erreichen.« (zit. nach Hunter, 2007, S. 256)

Zu einer Veränderung von Schlafproblemen wird eine konsequente »Schlafhygiene« empfohlen. Die Eltern sollen das Kind jeden Tag zur gleichen Zeit an einem ruhigen Platz zu Bett zu bringen und Tagesschlafzeiten sowie Außenaktivitäten oder stimulierende Musik- und TV-Programme vor der Einschlafzeit vermeiden. Einige Mädchen schlafen besser ein nach einem warmen Bad und einer Massage, andere, wenn sie auf einer leicht vibrierenden Matratze oder unter einer beschwerten Bettdecke liegen. Wenn das Kind in der Nacht erwacht, hilft mitunter eine beruhigende Musik oder eine Veränderung der Schlafposition im Bett (Hunter, 2007).

Eine Erleichterung des Einschlafens und eine längere Dauer des Nachtschlafes lassen sich bei vielen Kindern mit unterschiedlichen Entwicklungsstörungen durch die Gabe von Melatonin (eines körpereigenen Hormons zur Steuerung des Tag-Nacht-Rhythmus) beobachten (Feybesse et al., 2023). McArthur und Budden (1998) belegten einen solchen Effekt auch bei Mädchen mit Rett-Syndrom. Eine Mutter berichtet:

»Wir verwenden Melatonin für Amber und es scheint zu helfen. Manchmal haben wir immer noch Problemnächte, aber nicht mehr so viel, wenn man Melatonin verwendet. In den Nächten, in denen sie nicht schläft und entspannt aufwacht, stelle ich sie normalerweise mit ihrer Lieblings-DVD vor den Fernseher und schlafe weiter. Normalerweise bleibt sie ein paar Stunden wach und schläft dann auf dem Boden ein.« (zit. nach Hunter, 2007, S. 244)

Behandlung der Symptome mit Medikamenten und gentherapeutische Ansätze

Der Schweregrad der Entwicklungsstörungen und der spezifische Entwicklungsverlauf beim Rett-Syndrom haben zahlreiche Arbeitsgruppen zu intensiven Forschungsbemühungen zur Klärung der neuropathologischen Prozesse und zu Möglichkeiten der medikamentösen Behandlung der Symptome motiviert. Diese medizinischen Aspekte der Behandlung des Rett-Syndroms können in diesem Band nicht ausführlich dargestellt werden (Smeets, 2021).

In der Grundlagenforschung wurden Maus-Modelle entwickelt, bei denen die genetische Veränderung, die beim Rett-Syndrom vorliegt, simuliert und durch gentherapeutische Interventionen manipuliert werden kann. Diese Forschung hat Hoffnungen geschürt, dass die genetische Veränderung reversibel sein könnte. Sie ist jedoch noch nicht so weit fortgeschritten, dass eine Anwendung gentherapeutischer Eingriffe in der klinischen Praxis bei Mädchen mit Rett-Syndrom in einer überschaubaren Zukunft denkbar wäre (Panayotis et al., 2023). Pharmakologische Behandlungsmaßnahmen zur Beeinflussung einzelner Symptome des Rett-Syndroms sind ebenfalls in zahlreichen Studien erprobt worden. In Einzelfällen wurde damit eine positive Beeinflussung von Symptomen erreicht (Gold et al., 2018). Leonard et al. (2022) geben einen Überblick über Perspektiven der Gentherapie und der Wirksamkeit pharmakologischer

Behandlungsmaßnahmen sowie die Entwicklung valider Outcome-Maße. Sie empfehlen den Aufbau einer multi-zentrischen Datenbasis, um evidenz-basierte Empfehlungen für die medizinische Behandlung zu entwickeln.

Förderung der Kommunikationsfähigkeiten

Die Förderung von Fähigkeiten zur Verständigung mittels einer gezielten Ausrichtung des Blicks und die Nutzung von Kommunikationstafeln mit Bildsymbolen sowie elektronischen Kommunikationsgeräten (»Unterstützte Kommunikation«) stellt für die meisten Eltern von Mädchen mit Rett-Syndrom und die therapeutischen und pädagogischen Fachkräfte, die mit ihnen arbeiten, den wichtigsten Bereich der Förderung dar.

Wandin et al. (2015) befragten 236 Sprachtherapeut:innen in Schweden zu ihren Erfahrungen bei der Anbahnung von Unterstützter Kommunikation mit Mädchen mit Rett-Syndrom. 77 Sprachtherapeut:innen hatten entsprechende Erfahrungen. Als Therapieziele wurden von 76 % die Förderung der Fähigkeit von Wahlentscheidungen, von 61 % die Förderung der Fähigkeit zur Mitteilung von Wünschen – seltener die Beteiligung an Gesprächen mit Bezugspersonen – genannt. Die Erfahrungen aus der Sprachtherapie sprechen für die Förderung multi-modaler alternativer Kommunikationsformen (d. h. Ansteuern von Symbolen auf Kommunikationstafeln ebenso wie Nutzung von Kommunikationsgeräten, bei denen ein Bildsymbol durch Berühren einer Taste oder Ansteuern mit dem Blick ausgewählt werden kann), um diese Ziele zu erreichen: Die Abbildung 7 zeigt die Einschätzung der Therapeut:innen zur Wirksamkeit dieser Maßnahmen.

Es liegen mehrere Übersichtsarbeiten über Studien zur Unterstützten Kommunikation bei Mädchen mit Rett-Syndrom vor, in denen die Förderung in diesem Bereich systematisch evaluiert wurde. Bei den meisten Studien werden Bildsymbole eingesetzt, die durch direkte Berührung (Antippen) oder durch gezielte Blickrichtung der Mädchen auf ein Bild-

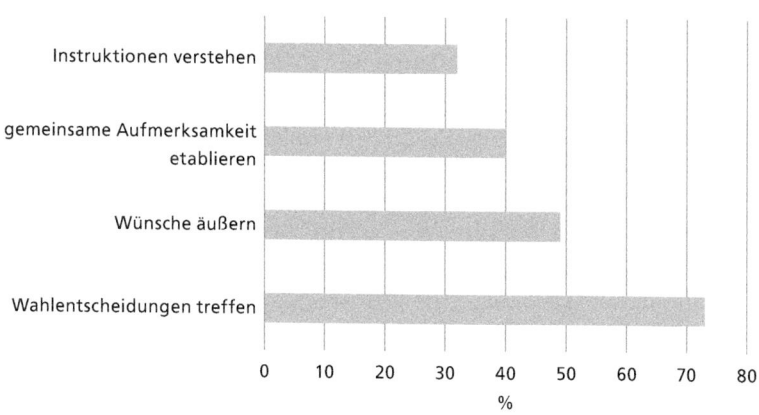

Abb. 7: Einschätzung der Wirksamkeit von Maßnahmen der Unterstützten Kommunikation aus Sicht von Sprachtherapeut:innen (n = 77; Wandin et al., 2015)

symbol ausgewählt werden. Die meisten Interventionen fanden im Kontext pädagogischer Einrichtungen oder zu Hause statt.

Sigafoos et al. (2009) berichteten über neun Studien, in denen der Gebrauch von Gesten, Bildkarten und elektronischen Kommunikationsgeräten mit und ohne Sprach-Output bei 31 Mädchen und Frauen mit Rett-Syndrom erfolgreich eingeübt wurde. Die Autor:innen wiesen jedoch darauf hin, dass es sich um eine kleine Zahl von Studien mit geringer Teilnehmerinnenzahl handelte, sodass die Ergebnisse noch als vorläufig zu betrachten seien. Nicht bei allen Studien sei zudem eindeutig nachzuvollziehen,

- wie die Anleitung erfolgte und wie groß der Unterschied in der spontanen Nutzung von kommunikativen Mitteln zwischen der Zeit vor der Therapie (Grundrate) und der Interventionsphase ist,
- ob sie auf Situationen generalisiert wurde, die nicht in der Therapie geübt wurden, und
- ob die kommunikativen Mittel auch nach Abschluss der Intervention (in einem Follow-up) stabil weiterverwendet wurden.

Seither wurden weitere Studien publiziert, die einige dieser methodischen Fragen berücksichtigen. Ihre Ergebnisse fassten Sigafoos et al. (2023) in einer aktuellen Übersicht zusammen. 16 Studien wurden im Zeitraum zwischen 2010 und 2022 veröffentlicht, die sich auf 100 Mädchen und Frauen mit Rett-Syndrom bezogen. Drei dieser Studien berichteten über relativ große Stichproben von 23–31 Teilnehmerinnen. Die meisten Studien evaluierten eine Anleitung zur Unterstützten Kommunikation mittels Augensteuerung, einige auch die Erfahrungen mit dem Einsatz von Eye-Tracking-Technologie. Auch in den bereits erwähnten Reviews von Amoako und Hare (2019) und Lim et al. (2020) wird die Befundlage zur Unterstützten Kommunikation bewertet.

In diesen neueren Übersichtsarbeiten kamen die Autor:innen zu dem Schluss, dass nun ausreichend valide Befunde zur Wirksamkeit einer systematischen Anleitung in Unterstützter Kommunikation bei Mädchen mit Rett-Syndrom vorliegen. Das gilt sowohl für die Nutzung von Kommunikationstafeln als auch für die Nutzung von elektronischen Kommunikationsgeräten mit Sprachausgabe. Die Intervention bedarf jedoch intensiver Ressourcen. Im Durchschnitt wird in den Therapiestudien über einen Zeitraum von 24 Wochen mit mehreren Therapiesitzungen pro Tag an mindestens vier Tagen in der Woche berichtet.

Koppenhover et al. (2001) und Skotko et al. (2004) leiteten die Eltern von 14 Mädchen mit Rett-Syndrom (im Alter von drei bis sieben Jahren) an, wie sie beim gemeinsamen Lesen von Bilderbüchern ihren Töchtern Fragen zum Inhalt stellen können, die diese mit Hilfe der Kommunikationstafel oder des Kommunikationsgeräts beantworten können. Fabio et al. (2009, 2011) zeigten in zwei Studien mit insgesamt 22 Teilnehmerinnen mit Rett-Syndrom, dass sie bei intensiver täglicher Förderung die Fähigkeit erwarben, zwischen verschiedenen Symbolen an Kommunikationstafeln zu unterscheiden, wenn die Stereotypien in diesen Situationen kurzzeitig unterbrochen werden.

Byiers et al. (2014a) übten mit drei Mädchen und Frauen die Bedienung von Tasten an Kommunikationsgeräten mit Sprachausgabe, um Wünsche auszudrücken (z. B. nach einem TV-Programm oder einer Massage). Der Tastendruck auf das gewünschte Symbol ersetzte andere Verhaltensweisen (z. B. Jammern oder selbstverletzendes Verhalten) in diesen Situationen, wenn nur noch die Bedienung des Geräts zu dem entsprechenden »Erfolg«

führte. Dieser funktionale Zusammenhang spricht eindeutig dafür, dass die Mädchen das Kommunikationsgerät gezielt bedienten, um die gewünschte Aktivität zu erreichen.

Stasolla et al. (2014) evaluierten bei drei Mädchen mit Rett-Syndrom (im Alter von acht bis zehn Jahren) die Effekte eines viermonatigen Therapieprogramms (mit zwei bis vier täglichen Übungssitzungen von je zehn Minuten Dauer), bei denen die Mädchen das Antippen von Symbolen an einem Kommunikationsgerät mit Sprachausgabe bzw. das Antippen von Bildkarten nach dem »Picture Exchange Communication System« (PECS; Frost & Bondy, 2002) lernen sollten. Bei beiden Ansätzen stieg die Häufigkeit von Wunschäußerungen (nach bevorzugten Objekten) gegenüber einer Grundrate (null bis zwei) auf fünf bis zehn Wahlentscheidungen pro Sitzung. Bei zwei Mädchen war der Lerneffekt beim Gebrauch des Kommunikationsgerätes mit Sprachausgabe größer als beim Gebrauch der Bildkarten. Die Autor:innen stellten auch positive Effekte auf die allgemeine Stimmung der Mädchen und ihre Aufmerksamkeitsspanne sowie eine Reduzierung von Ängstlichkeit und Stereotypien fest.

Vessoyan et al. (2018) setzten ein Kommunikationsgerät (Tobii Dynavox) ein, das von den Mädchen direkt durch ihre Blickrichtung gesteuert werden kann. Das Gerät misst mit hoher Geschwindigkeit die Blickbewegungen und »übersetzt« die Fixationsdauer in eine Entscheidung für eines der Bildsymbole, die auf dem Display abgebildet sind. Die Autorinnen übten in einem mehr als sechsmonatigen Programm bei vier Mädchen mit Rett-Syndrom (im Alter von neun bis 15 Jahren) die Bedienung des Geräts mit Augensteuerung, um Mitteilungen auszuwählen, Fragen zu stellen und durch mehrere Seiten (d. h. unterschiedliche Symbolkategorien) zu navigieren. Die Fähigkeit zur Navigation durch verschiedene Kategorien ist neben der Fähigkeit zur Diskrimination zwischen Abbildungen bzw. Symbolen eine wichtige Voraussetzung, um komplexere Äußerungen selbständig zu initiieren (z. B. den Wunsch nach einer bestimmten Aktivität). Einige Eltern berichten ihre Erfahrungen beim Einsatz dieser technologischen Hilfen:

> »Sie hat so viele Sachen gelernt. Auswahl von Essen oder Aktivitäten, sie sagt, wie sie sich fühlt, was los ist« (zit. nach Vessoyan et al., 2018, S. 237, Übers. K. S.).

»Sie ging zum Tobii-Gerät und sagte uns aus eigener Initiative: ›Etwas stimmt nicht‹, ›Mir ist kalt‹. drei Mal und zitterte. Wir haben sie dann in eine Decke eingewickelt und sie lächelte sofort.« (zit. nach Vessoyan et al., 2018, S. 237)

»Sie antwortet mit dem Kommunikationsgerät selbständig auf die Frage ›Was hast du in der Schule gemacht?‹ mit ›Smartboard‹ und ›Musik‹, genau wie es in den Unterrichtsnotizen der Lehrkraft steht.« (zit. nach Vessoyan et al., 2018, S. 237)

Alle vier Mädchen erreichen zumindest einige der jeweils angestrebten Kompetenzen, über die sie vor Therapiebeginn noch nicht verfügt hatten. Die Stabilität der Fortschritte nach Abschluss der Intervention war individuell unterschiedlich, d. h. nicht alle Mädchen konnten die jeweiligen Fertigkeiten bei videografierten Beobachtungen drei bzw. sechs Monate später erneut zeigen.

Girtler et al. (2023) und Unholz-Browder et al. (2023) berichteten über den Therapieverlauf bei drei Mädchen mit Rett-Syndrom (drei bis 19 Jahre), bei dem die Fähigkeit zur Navigation durch verschiedene Kategorien und die anschließende Auswahl einer Alternative geübt wurde. Dabei wurde mit Kommunikationstafeln, Bildkarten und einem elektronischen Kommunikationsgerät (Augensteuerung eines iPads mit vor-installierter Kommunikationssoftware) gearbeitet.

Die Ziele wurden nach den Präferenzen der Mädchen individuell ausgewählt, z. B. der Wunsch nach bestimmten TV-Shows oder Videos, Speisen und Getränken. Die Förderung erfolgte zu Hause durch die Eltern mit regelmäßiger Beratung durch Fachkräfte (über internet-basierte Kommunikation). Das Vorgehen orientierte sich an den Prinzipien der direkten Instruktion (Diskriminationstraining, prompt delay, differenzielle Verstärkung, forward chaining, ▶ Kap. 6). Alle drei Mädchen erreichten das Kriterium für ihr jeweiliges Lernziel, das als korrekte Auswahl einer Kategorie und anschließende Ansteuerung einer von mehreren Wahlmöglichkeiten in mehr als 80 % der Übungssituationen definiert war. Diese Ziele wurden sowohl bei der Bedienung des Kommunikationsgeräts als auch bei der Arbeit mit der Kommunikationstafeln oder den Bildkarten erreicht.

Die Eltern von Mädchen mit Rett-Syndrom äußern sich überwiegend sehr positiv über ihre Eindrücke zu Verbesserungen der Kommunikationsfähigkeiten mit elektronischen Kommunikationsgeräten, die eine Augensteuerung erlauben. Eine Mutter berichtet:

> »Was mir am DynaVox 2C, dem Gerät, das sie benutzt, am besten gefällt, ist, dass es sich leicht von Level zu Level ändern lässt, Wir können Dani z. B. fragen, was sie zum Nachtisch möchte, ›Eis‹ oder ›Kekse‹. Und wenn sie sich für Eis entscheidet, kann sie auf eine andere Seite wechseln, die damit verlinkt ist. Der Bildschirm ändert sich sofort, um ihr eine weitere Wahlmöglichkeit zu geben, sagen wir, Vanille oder Schokolade.« (zit. nach Hunter, 2007, S. 304)

> »So fordert [Marlene] zum Beispiel seit einiger Zeit ein, dass wir ihr die Gabel so am Tellerrand positionieren, dass sie sie selbst greifen und zum Mund führen kann. Es hat einige Zeit gedauert, bis wir ihre Signale richtig deuten konnten: ›Lass mich das alleine machen – weg mit deiner Hand!‹ Auch im Bereich der Kommunikation machen Marlene und wir weiter kleine Fortschritte. Mit ihrem Talker, den sie mit den Augen steuert, kann sie in guten Phasen im Restaurant ganz selbständig ihre Bestellung aufgeben. Das sind Momente, wo die ganze Familie fast platzt vor Stolz.« (zit. nach Dieckmann, 2018, o. S.)

Kommunikationsgeräte, die durch die innovative Eye-Tracking-Technologie per Augensteuerung bedient werden können, lassen sich nicht nur zur Vermittlung von Wünschen und Bedürfnissen, sondern auch zur Förderung kognitiver Fähigkeiten bei Mädchen mit Rett-Syndrom verwenden. Fabio et al. (2021) berichteten über eine Förderung mittels Eye-Tracking-Technologie bei 28 Mädchen und jungen Frauen mit Rett-Syndrom, denen dreimal in der Woche für jeweils 30 Minuten dieses Gerät angeboten wurde. Die Effekte wurden in zwei Therapiephasen evaluiert und ihre Stabilität in jeweils sechsmonatigen Follow-up-Phasen beurteilt. Die Übungen bezogen sich auf einfache Diskriminationsaufgaben und das Erkennen von Objekten, Farben und Formen, Graphemen und Wörtern, die von den Untersuchenden benannt wurden. Es zeigten sich Verbesserungen in der Aufmerksamkeitsdauer der Mädchen und der Zahl der korrekten Wahlentscheidungen bei den einzelnen Aufgaben, die auch in den Nachuntersuchungen stabil waren.

Zumindest bei einigen Mädchen ist auf diesem Weg auch eine Förderung von (Vorläufer-)Fähigkeiten zum Schreiben eigener Mitteilungen möglich. In einer Studie von Ainsworth et al. (2016) gelang es, bei einem 14-jährigen Mädchen in 22 Therapiesitzungen die Fähigkeit zur Phonem-Graphem-Identifikation aufzubauen. Fabio et al. (2013) publizierten einen Therapiebericht über eine 21-jährige Frau mit Rett-Syndrom. Sie lernte in einem mehrjährigen Förderprogramm, Worte, Silben und einzelne Buchstaben in Wahlaufgaben korrekt zu diskriminieren und Worte und Sätze durch Deuten auf einzelne Buchstaben auf einer Tafel des Alphabets zusammenzusetzen. Eine Mutter beschreibt ähnliche Fortschritte bei ihrer Tochter:

»Ich war erstaunt über Laurens Fähigkeit, den DynaVox 2C im Vergleich zu einfacheren Geräten zu verwenden, die ihren Wortschatz einschränkten. In einem sechswöchigen Intensivkurs lernte sie, wie man Wörter zu Sätzen zusammenfügt. Sie kann von einer Kommunikationsoberfläche zur nächsten wechseln, wenn man sie dazu auffordert. Wir stützen dabei leicht ihre Hand, aber jeder, der mit ihr gearbeitet hat, hat das Gefühl, dass sie klare Entscheidungen trifft, was sie sagen möchte.« (zit. nach Hunter, 2007, S. 304)

Eine erfolgreiche Förderung der Verständigung über alternative Kommunikationsformen – Kommunikationstafeln, Bildkarten oder elektronische Kommunikationsgeräte – ist möglich, erfordert jedoch ein hohes Maß an zeitlichen Ressourcen und professionelle Kenntnisse von Sprachtherapeut:innen oder pädagogischen Fachkräften. Die Verwendung der modernen Eye-Tracking-Technik, bei der Kommunikationsgeräte mittels Augensteuerung bedient werden können, verspricht eine wesentliche Erweiterung der Perspektiven zur Förderung kommunikativer Kompetenzen.

Nutzung von Mitteln der Unterstützten Kommunikation

Jurkoweit und Sarimski (2014) führten in Zusammenarbeit mit der Selbsthilfegruppe »Rett-Syndrom Deutschland e. V.« eine Befragung zur Nutzung von Mitteln der Unterstützten Kommunikation durch, an der sich 64 Eltern beteiligten. Nach ihren Angaben verwenden mehr als die Hälfte der Mädchen Fotos, Symbolkarten oder Bildkarten zur Verständigung. Jeweils etwa 40% der Eltern gaben an, dass sie einfache Kommunikationsgeräte (»BIGMack«, »Step-by-Step«; ▶ Kap. 6) nutzen, über 50% berichteten, dass sie komplexere Kommunikationsgeräte mit bildhaften Symbolen (überwiegend das Gerät Tobii C 12) nutzen. Die Nutzung von Kommunikationsgeräten mit Augensteuerung (Tobii Dynavox) und die Verwendung von Kommunikationssystemen auf iPads stellten zum Zeitpunkt der Erhebung offenbar eher Ausnahmen dar (▶ Abb. 8).

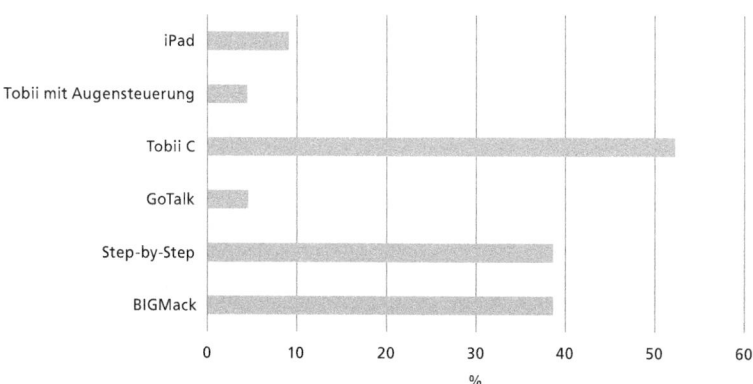

Abb. 8: Verwendung elektronischer Kommunikationshilfen bei 64 Mädchen mit Rett-Syndrom (Jurkoweit & Sarimski, 2014)

27% der Eltern gaben an, dass die Initiative zur Nutzung dieser Hilfsmittel immer oder oft von den Kindern ausgeht. In 70% der Fälle erfolgt diese Initiative durch Ausrichtung des Blicks auf die Kommunikationshilfe oder durch Hingreifen. Jeweils mehr als ein Drittel der Mädchen benutzen ihr Kommunikationsgerät in Zusammenhang mit Mahlzeiten, in Spielsituationen, als Antwort auf eine Frage oder um auf sich aufmerksam zu machen. 77 % der Eltern sahen seit der Einführung der Kommunikationshilfen eine deutliche Verbesserung der Kommunikationsfähigkeiten der Kinder. 16 % sahen keine Veränderung, 7 % schätzten die Verständigungsmöglichkeiten ihrer Kinder weiterhin als gering ein. Etwa ein Drittel der Eltern erlebten ihre Kinder seit Einführung der Kommunikationshilfen als zufriedener, 40 % als aktiver, kontaktfreudiger oder aufgeschlossener.

Die innovative Entwicklung der Eye-Tracking-Technologie bietet die Möglichkeit, speziell für diesen Zweck konstruierte Kommunikationsgeräte oder iPads direkt durch Augensteuerung zu bedienen (https://de.tobii dynavox.com/pages/products). Erste Eindrücke zur Praktikabilität dieser Technologie im Alltag liegen aus einer Befragung von 63 Familien in den Niederlanden vor (Townend et al., 2016). Das Alter der Mädchen variierte zwischen drei und 18 Jahren. 20 Eltern gaben an, dass sie bereits erste Erfahrungen mit dem Einsatz von Geräten mit Augensteuerung gesammelt haben. Diese Erfahrungen bezogen sich auf Erprobungen im Umfang zwischen vier und acht Wochen, die zu Hause, in der Schule oder an beiden Settings durchgeführt wurden. Zwölf Eltern berichteten, dass ein solches Gerät dauerhaft im Gebrauch sei (davon sieben Eltern, dass dies mehr als sechs Monate der Fall sei). Eine Familie entschied sich gegen eine Erprobung des Geräts, weil ihre Tochter zu unruhig sei; in einer anderen Familie standen gerade die Sorgen um eine Behandlung der epileptischen Anfälle im Vordergrund.

Zehn Eltern, bei denen das Gerät dauerhaft in Gebrauch war, gaben an, dass die Aufmerksamkeit und Beteiligung ihrer Tochter sowie ihre Fähigkeit, sich auszudrücken, wesentlich zugenommen haben. Sie sahen ein großes Potenzial in der Verwendung dieser Geräte, beklagten allerdings den großen Zeitaufwand, wenn sie selbst die Bilder und Symbole für das Gerät zusammenstellen sollten, und äußerten den Wunsch nach einer intensiveren fachlichen Unterstützung bei der Planung der Intervention und bei ihrem kontinuierlichen Einsatz im Alltag. Eine Familie sah nur einen langsamen, eine weitere Familie keinen Fortschritt in den Kommunikationsmöglichkeiten ihrer Tochter.

5 Diagnostische Praxis

Die Ausprägung von Symptomen des Rett-Syndroms und die kognitiven, kommunikativen und adaptiven Kompetenzen der betroffenen Mädchen weisen – wie geschildert – eine beträchtliche Variabilität auf. Eine individualisierte pädagogisch-psychologische Diagnostik der Verhaltensmerkmale und Kompetenzen ist daher sinnvoll. Sie erfordert allerdings spezifische Kompetenzen der Untersuchenden (Neuropädiater:innen, Kinder- und Jugendpsychiater:innen, Psycholog:innen oder Sonderpädagog:innen). Sie müssen sich damit vertraut machen, welche Untersuchungsverfahren bei Mädchen mit Rett-Syndrom eingesetzt werden und wie sie ggf. adaptiert werden können, und bei der Untersuchung ihre spezifischen Bedürfnisse und die Barrieren für die soziale Beteiligung berücksichtigen, um zu validen Einschätzungen der Fähigkeiten zu kommen. Die Abbildung 9 gibt einen Überblick über die Elemente, die in der Diagnostik von Fähigkeiten und Unterstützungsbedürfnissen bei Mädchen mit Rett-Syndrom von Bedeutung sind.

Einschätzung des Schweregrads der Symptome

Die individuelle Ausprägung von Merkmalen des Verhaltensphänotyps des Rett-Syndroms kann mit der »Rett Syndrome Behavior Scale« (RSBQ; Mount et al., 2002) beurteilt werden. In diesem Fragebogen schätzen die Eltern oder Bezugspersonen die Ausprägung von Verhaltensmerkmalen, emotionalen Auffälligkeiten und Mobilitätseinschränkungen ein. Für die

5 Diagnostische Praxis

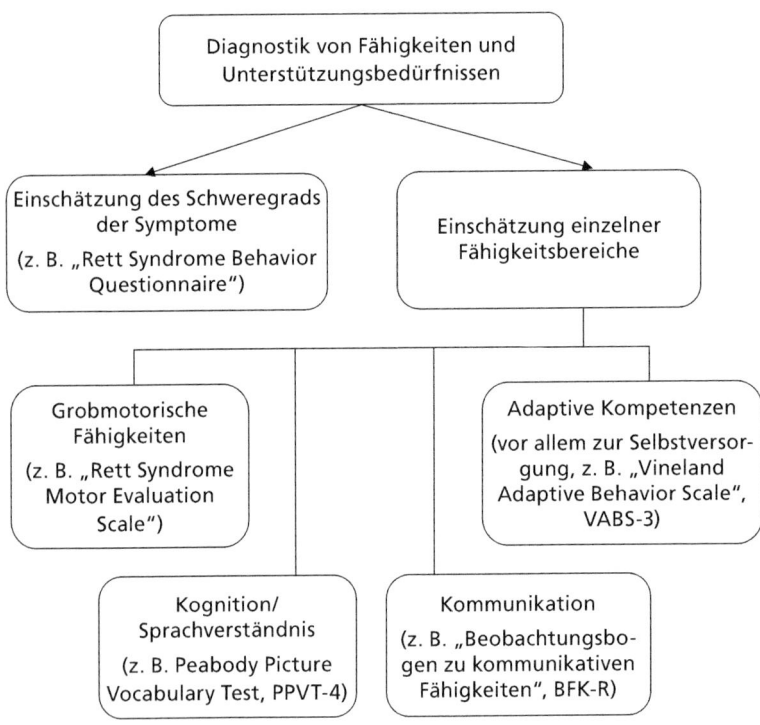

Abb. 9: Elemente der pädagogisch-psychologischen Diagnostik bei Mädchen mit Rett-Syndrom

Entwicklung dieses Fragebogens wurden aus 110 Items, die in Einzelfallbeschreibungen zum Verhalten von Patientinnen mit Rett-Syndrom genannt wurden, diejenigen ermittelt, die im Expertenurteil (Eltern und Fachleute) als charakteristisch genannt wurden und sich in einer Vergleichsstudie als Unterscheidungsmerkmale zwischen 143 Mädchen mit Rett-Syndrom (mittleres Alter 10;3 Jahre) und 85 Patientinnen mit schwerer geistiger Behinderung erwiesen. Diese 46 Items wurden mittels einer Faktorenanalyse acht Skalen zugeordnet (▶ Tab. 5). Die einzelnen Items werden von den Bezugspersonen bewertet als nicht, teilweise oder häufig zutreffend.

Einschätzung des Schweregrads der Symptome

Tab. 5: Rett Syndrome Behavior Scale (RSBQ; Auswahl von Items; Mount et al., 2002)

Bereich	Beispielitems
Allgemeine Stimmung (8 Items)	Anfälle von Schreien ohne ersichtlichen Grund während des Tages Abrupte Stimmungsschwankungen Es gibt Zeiten, in denen sie gereizt ist ohne ersichtlichen Grund
Probleme der Atemregulation (5 Items)	Es gibt Zeiten, in denen sie tief und schnell atmet (Hyperventilation) Der Bauch füllt sich mit Luft und fühlt sich manchmal hart an
Repetitive Gesichtsbewegungen (4 Items)	Macht repetitive Zungenbewegungen Macht grimassierende Gesichtsausdrücke
Handbewegungen (6 Items)	Die Hände werden nicht zum gezielten Greifen benutzt Handbewegungen sind gleichmäßig und monoton Hat Schwierigkeiten, die Handstereotypien zu unterbrechen
Verhalten in der Nacht (3 Items)	Lacht ohne ersichtlichen Grund in der Nacht Anfälle untröstlichen Weinens ohne ersichtlichen Grund in der Nacht
Körperschaukeln und ausdrucksloses Gesicht (6 Items)	Ausdrucksloses Gesicht Schaukelt mit dem Körper, wenn die Hände festgehalten werden
Ängstlichkeit/Unsicherheit (4 Items)	Anfälle offensichtlicher Angst bei unbekannten Situationen Scheint verängstigt zu sein, wenn sich ihre Körperhaltung plötzlich ändert
Auffälligkeiten des Gehens und Laufens (2 Items)	Kann zwar selbständig stehen, neigt aber dazu, sich auf Gegenstände oder Menschen zu stützen Hat steifes Gangbild

Anm.: Der RSBQ wurde dem Autor von Dr. T. Charman zur Übersetzung und Verwendung in einer Elternbefragung zur Verfügung gestellt (Sarimski, 2003a). Die dort verwendete Fassung kann über den Autor (sarimski@gmx.de) als Arbeitsversion bezogen werden.

Die interne Konsistenz des Fragebogens erwies sich als befriedigend (Mount et al., 2002; Sarimski, 2003a). Percy et al. (2023) kamen in einem Review über die Befunde, die mit diesem Fragebogen erhoben wurden, zu dem Schluss, dass er sich als reliables und valides Instrument zur Beurteilung der klinischen Merkmale des Rett-Syndroms eignet. Sie empfahlen allerdings die Ergänzung um Instrumente zur Beurteilung der kommunikativen Fähigkeiten, um ein vollständiges Bild von den Verhaltensmerkmalen der Mädchen zu gewinnen.

Ursprünglich war die psychometrische Qualität der Skalen nur bei Mädchen mit Rett-Syndrom im Kindesalter überprüft worden. Oberman et al. (2023) legten eine Replikationsstudie vor, bei der der RSBQ bei 232 Mädchen und nun auch bei 309 erwachsenen Frauen mit Rett-Syndrom eingesetzt wurde. Die Reliabilität der Skalen und ihre faktorielle Struktur ließen sich im Wesentlichen bestätigen. Bei Kindern wurden sechs Faktoren identifiziert (und sieben bei der Untersuchung der Erwachsenen). Die Skalen zur allgemeinen Stimmung und zum Verhalten in der Nacht wurden zu einer neuen Skala (»emotional and disruptive behavior«) zusammengefasst.

Der RSBQ ist für die Einschätzung der Verhaltensmerkmale von Mädchen mit Rett-Syndrom durch ihre Eltern gedacht. Ein Teil der Items (z. B. zu nächtlicher Unruhe) ist auch nur durch sie zu beantworten. Für die Einschätzung durch medizinische und therapeutische Fachkräfte wurde deshalb die »Motor-behavioral assessment scale« (MBA) aus den Daten der nationalen Erhebung zum Verlauf des Rett-Syndroms in den USA zusammengestellt. Raspa et al. (2020) untersuchten die interne Konsistenz, Faktorenstruktur und Validität dieser Beurteilungsskala. Sie unterschieden fünf Bereiche voneinander:

- motorische Dysfunktionen,
- funktionale Fertigkeiten,
- soziale Fertigkeiten,
- Verhaltensauffälligkeiten und
- Auffälligkeiten der Atemregulation.

Die Autor:innen fanden eine hohe Übereinstimmung mit den Elterneinschätzung im RSBQ, eine Korrelation mit dem Alter und dem Schweregrad der körperlichen Symptome sowie Unterschiede je nach Mutationstyp, was für die Konstruktvalidität der Skala spricht.

Eine allgemeine Einschätzung des Schweregrads des Rett-Syndroms – mit Schwerpunkt auf körperlichen Beeinträchtigungen – kann auch durch die »Clinical Severity Scale« erfolgen. Dabei wird der Schweregrad von Auffälligkeiten in sieben Bereichen beurteilt:

- Häufigkeit und Behandelbarkeit von Anfällen,
- Störungen der Atemregulation,
- Skoliose,
- Fähigkeit zum freien Laufen,
- Handgebrauch,
- Sprache und
- Auffälligkeiten des Schlafverhaltens.

Die Items werden jeweils mit bis zu 3 Punkten bewertet. Der Summenwert (maximal 21 Punkte), der sich aus den sieben Items ergibt, spiegelt den Schweregrad wider. Gesamtwerte von 0–7 gelten als leichte Ausprägung, Werte von 8–14 als mittlere und Werte von 15–21 als schwere Ausprägung des Syndroms. Auch für diese Skala liegen Befunde zur Reliabilität und Validität vor (Kaufmann et al., 2012). Eine solche Einschätzung ist in Forschungsarbeiten sinnvoll, um größere Untersuchungsgruppen zu beschreiben und zu vergleichen. In der klinischen Praxis ist die Einschätzung des Schweregrads der körperlichen Beeinträchtigungen weniger bedeutsam.

Fabio et al. (2022) publizierten schließlich eine Checkliste unter dem Titel »Global Assessment and Intervention in Rett Syndrome« (GAIRS). Die fünfstufig angelegte Rating-Skala besteht aus 58 Items – in dem Artikel vollständig abgedruckt – zu einzelnen Fertigkeiten, die in zehn Bereiche gegliedert sind. Diese Skala richtet sich somit auf die beobachtbaren Kompetenzen von Mädchen und Frauen im Alltag und ihre Ressourcen für Lernsituationen. Dazu gehört z. B. die Fähigkeit zur Aufnahme von spontanem Blickkontakt oder zum Greifen von Objekten. In einer Studie, in der diese Checkliste bei 113 Mädchen und Frauen mit Rett-Syndrom (im Alter von vier bis 45 Jahren) eingesetzt wurde, erwies sich die interne Konsistenz und Retest-Reliabilität als befriedigend. Es fanden sich hohe

Korrelationen zwischen den Einschätzungen mit dieser Checkliste und den Ergebnissen der Vineland Adaptive Behavior Scales (VABS).

Einschätzung der grobmotorischen Kompetenzen

Zwei Skalen wurden spezifisch für die Einschätzung der grobmotorischen Fähigkeiten von Mädchen und Frauen mit Rett-Syndrom entwickelt und hinsichtlich ihrer psychometrischen Qualität überprüft. In der »Rett Syndrome Gross Motor Scale« (RSGMS; Down et al., 2008) wird der Unterstützungs- und Motivationsbedarf bei 15 verschiedenen grobmotorischen Aktivitäten (Sitzen, Stehen und Laufen sowie Reaktionen auf motorische Herausforderungen) beurteilt. Die Auswertung kann von Fachkräften auf der Basis von Alltagsvideos vorgenommen werden, die von den Eltern im häuslichen Kontext angefertigt werden. Die Skala wurde von Borst et al. (2022) für eine Untersuchung in den Niederlanden übersetzt und dort von Physiotherapeut:innen ausgefüllt. Die Prüfung der Interrater-Reliabilität bei drei Mädchen mit Rett-Syndrom (im Alter von fünf bis 19 Jahre) und der Intra-Rater-Reliabilität (bei 17 Mädchen und Frauen) ergab sehr gute Werte.

Die RSGMS enthält allerdings keine spezifischen Items zu Auffälligkeiten im Gangbild und in der Haltungskontrolle, die bei Mädchen mit Rett-Syndrom charakteristisch sind. Roidi et al. (2019) stellten die »Rett Syndrome Motor Evaluation Scale« (RESMES) zusammen, um auch diese Merkmale zu erfassen. Die Skala enthält 25 Items zum Unterstützungsbedarf im motorischen Bereich, die sechs Dimensionen zugeordnet sind:

- Stehen,
- Sitzen,
- Bewegungsübergänge,
- Laufen,

- Rennen sowie
- Treppensteigen.

Interne Konsistenz und Beobachterübereinstimmung erwiesen sich in einer Studie bei 60 Mädchen und Frauen mit Rett-Syndrom als sehr hoch (ebd.). Die Skalenwerte korrelierten mit dem Schweregrad der Ausprägung des Rett-Syndroms, dem Schweregrad der Spastik oder Skoliose und den Einschränkungen im Handgebrauch, nicht aber mit dem Alter der Mädchen. Allerdings wichen die Einschätzungen der Eltern in einigen motorischen Bereichen von denen der Fachleute ab.

Einschätzung der adaptiven Kompetenzen

Zur pädagogisch-psychologischen Diagnostik von Mädchen mit Rett-Syndrom gehört neben der Einschätzung des Schweregrads von Verhaltensmerkmalen und körperlichen Beeinträchtigungen auch die Einschätzung ihrer adaptiven Kompetenzen. Adaptive Kompetenzen lassen sich in die Dimensionen Kommunikation, soziale Fertigkeiten und Alltagsfertigkeiten (z. B. zur Selbstversorgung) unterteilen. Zur Einschätzung werden Fragebögen verwendet, bei denen Eltern oder Fachkräfte befragt werden, welche Kompetenzen sie bei einem Kind im Alltag beobachten können.

Die »Vineland Adaptive Behavior Scales« haben international eine weite Verbreitung zur diagnostischen Einschätzung von adaptiven Kompetenzen gefunden. Sie liegen mittlerweile auch in einer deutschen Version vor (VABS-3; Sparrow et al., 2021). Die Items sind in vier Domänen gegliedert: Kommunikation, Sozialisation, praktische Kompetenzen (»daily living skills«) und motorische Kompetenzen (▶ Tab. 6). Sie liegen in zwei Versionen für Eltern bzw. pädagogische Fachkräfte vor. Bei der Version für pädagogische Fachkräfte wurden zwei Teilskalen aus dem Elternfragebogen (»Hausarbeit« und »Leben in der Gemeinschaft«) ersetzt, die von Erzieher:innen und Lehrkräften nicht zuverlässig beurteilt werden können.

An ihrer Stelle wurden zwei Skalen zum »Zahlenverständnis« und zum Leben in der »Schulgemeinschaft« eingefügt.

Tab. 6: Vineland Adaptive Behavior Scales (VABS-3; Bezeichnungen gemäß der deutschen Adaptation des Verfahrens)

Domänen	Subskalen
Kommunikation	Zuhören und Verstehen Sprechen Lesen und Schreiben
Soziale Fertigkeiten	Umgang mit Anderen Spielen und Freizeit Anpassung
Alltagsfertigkeiten	Für sich selbst sorgen Hausarbeit (bzw. Zahlenverständnis) Leben in der Gemeinschaft (bzw. Schulgemeinschaft)
Motorik	Feinmotorik Grobmotorik

Die Elternversion enthält 502 Items (mit Einstiegs- und Abbruchkriterien), die Version für pädagogische Fachkräfte, die ab dem Alter von drei Jahren eingesetzt werden kann, enthält 333 Items. In beiden Fällen liegen auch kürzere Versionen, die in zehn bis 15 Minuten ausgefüllt werden können, zur Bestimmung von Standardwerten in den vier Kompetenzdomänen vor. Die Normwerte sind mit einem Mittelwert von 100 und einer Standardabweichung von 15 in jeder der vier Domänen skaliert. Die Domänen sind weiter gegliedert nach elf Subdomänen (▶ Tab. 6), für die jeweils Altersäquivalente und Standardwerte (Mittelwert 15, Standardabweichung 3) – eine für Psycholog:innen und Pädagog:innen ungewohnte Skalierung, die eine differenziertere Aussage auch auf niedrigem Kompetenzniveau erlauben soll – angegeben werden können, sowie eine optionale Skala zur Beurteilung motorischer Kompetenzen.

Deutsche Normwerte für Kinder ab drei Jahren wurden für den Eltern- und den Lehrkräftefragebogen an einer repräsentativen Bevölkerungsstichprobe erhoben. Die Normstichprobe für den Elternfragebogen umfasste N = 1.182 Personen, für den Lehrkräftefragebogen N = 1.100 Personen. Die interne Konsistenz der Skalen erwies sich als hoch. Auf einige kritische Aspekte bei der Durchführung der Befragung (in der Fragebogenfassung, da für die deutsche Version keine Interview-Fassung vorliegt) und der Testgütekriterien hat Irblich (2022) in einer ausführlichen Rezension des Testverfahrens hingewiesen.

Wie gesagt – jede Alltagsanforderung stellt für ein Mädchen mit Rett-Syndrom eine Herausforderung für seine Fähigkeiten zur Verarbeitung von Informationen und zur Steuerung von motorischen Handlungen dar, die Bewältigung wird durch exzessive Handstereotypien blockiert und durch die gänzlich oder weitgehend fehlende Möglichkeit zu lautsprachlicher Verständigung erschwert. Dies muss bei der Anwendung und der Interpretation von Ergebnissen von adaptiven Kompetenzskalen bedacht werden. Mädchen mit Rett-Syndrom können nur wenige Kompetenzen zeigen, die in den Skalen abgefragt werden – ihr Kompetenzniveau entspricht im Durchschnitt der Entwicklungsstufe von zwölf Monaten; diese Einschätzungen erlauben jedoch keinen Rückschluss auf die intellektuellen Fähigkeiten der Mädchen und ihr Sprachverständnis (▶ Kap. 3).

Die adaptiven Kompetenzskalen können dennoch eine Orientierungshilfe für die Förder- und Therapieplanung bieten. Das gilt für die Skalen, die grobmotorische Fähigkeiten und Fähigkeiten zur Selbstversorgung erfassen. Sie zeigen, auf welchen Fertigkeiten die Förderung in diesen Bereichen aufbauen kann. Einige Beispielitems:

- Isst selbst mit einem Löffel
- Trinkt aus einem normalen Becher oder einem Glas
- Zieht Kleidungsstücke mit einem Gummizug (z. B. Unterhosen, Jogginghosen) hoch
- Zieht sich Kleidung (z. B. T-Shirt, Kleid) aus, die über den Kopf gezogen wird
- Putzt sich die Nase oder schnäuzt sich mit einem Taschentuch, einer Serviette etc.
- Merkt selbst, wenn sie zur Toilette muss, und benutzt sie mit Hilfe

5 Diagnostische Praxis

Einschätzung der kognitiven und sprachlichen Verarbeitungsfähigkeiten

In Kapitel 3 wurden bereits Studien vorgestellt, in denen Fähigkeiten im Bereich der visuellen Wahrnehmung und der rezeptiven Sprachverarbeitung bei Mädchen mit Rett-Syndrom mit adaptierten Testverfahren analysiert wurden. Für die diagnostische Praxis kann daraus eine Untersuchung des rezeptiven Wortschatzes mit dem »Peabody Picture Vocabulary Test« (PPVT-4) übernommen werden, der auch in einer deutschen Version für Kinder ab 2;6 Jahre vorliegt (Dunn & Dunn, 2015).

Studien an klinischen Populationen sprechen dafür, dass die Ergebnisse im PPVT-4 eine verlässliche Annäherung an eine Einschätzung der (verbalen) Intelligenz eines Kindes darstellen. So ergaben sich in einer Untersuchung von 2.420 Kindern mit einer Autismus-Spektrum-Störung hohe Korrelationen zwischen beiden Maßen (Krasileva et al. 2017). Das Ergebnis im PPVT-4 lag im Durchschnitt um fünf Punkte über dem Verbal-IQ; bei 79 % der Kinder betrugen die Abweichungen zwischen beiden Testergebnissen weniger als eine Standardabweichung; 90 % der Kinder wurden mit beiden Maßen korrekt klassifiziert als Kinder mit/ohne intellektuelle Behinderung (d. h. IQ über bzw. unter 70).

Dieser Test kann auch bei Kindern mit bedeutsamen motorischen Einschränkungen durchgeführt werden. Es werden jeweils vier Bilder präsentiert, unter denen das Kind dasjenige Bild auswählen soll, das benannt wird. Das Kind kann auf das entsprechende Bild zeigen, es antippen oder das richtige Bild mit den Augen ansteuern. Alternativ dazu kann der oder die Untersuchende die Bilder nacheinander antippen und das Kind bitten, mit Ja oder Nein zu reagieren, ob es sich um das gesuchte Bild handelt (»partner-unterstütztes Scanning«). Auch diese Reaktionsform ist vielen Mädchen mit Rett-Syndrom möglich.

Allerdings ist es zu empfehlen, dieses Verfahren an die besonderen Bedürfnisse von Mädchen mit Rett-Syndrom bei der Steuerung von Hand- bzw. Blickbewegungen anzupassen. Die einzelnen Bilder sollten in hinreichend großem Abstand zueinander angeboten werden, damit den Mädchen die Steuerung von Handbewegungen beim Antippen der Bilder erleichtert wird. Sie können auf einem PC-Bildschirm präsentiert oder auf einer transparenten Plastikwand befestigt werden, hinter der der bzw. die Untersuchende sitzt und aus dieser Position die Blickrichtung der Mädchen zuverlässiger erkennen kann. Die Testdurchgänge sollten wiederholt werden und die Mädchen hinreichend Zeit für eine Reaktion erhalten. Entscheidend für eine valide Aussage über das Sprachverständnis dürfte es sein, ob es dem oder der Untersuchenden gelingt, ein Mädchen mit Rett-Syndrom zur konzentrierten Mitarbeit bei einer solchen Untersuchung zu motivieren. Das setzt ein gewisses Vertrauen der Mädchen in die Unterstützung durch den oder die Untersuchende:n voraus, sodass eine einmalige Einschätzung (z. B. in einem Sozialpädiatrischen Zentrum) nicht ausreichend sein wird. Die Untersuchung der rezeptiven Sprachkompetenzen sollte daher eher begleitend in den Förderprozess eingebettet werden.

Das Sprachverständnis von Mädchen mit Rett-Syndrom kann nicht nur über ein normiertes Testverfahren (wie den PPVT-4) beurteilt werden. Eine motivierende Alternative zur qualitativen Überprüfung des Sprachverständnisses mit hohem Aufforderungscharakter ist über eine Apple-App möglich, die von Leber und Vollert unter dem Titel »Tipp mal« (https://tippmal.com) entwickelt und bei einem Kongressvortrag von Leber (2017) erstmals vorgestellt wurde.

Auf der Grundlage von deutlich vorgelesenen Fragen muss die jeweils richtige Antwort auf einem iPad angetippt werden. Die Antwortmöglichkeiten sind dabei als METACOM-Symbole dargestellt. Es werden Fragen zum Verständnis einzelner Wörter, die sich bildlich gut darstellen lassen, zum situationsunabhängigen Verstehen (z. B. wird die Frage »Was machst Du mit der Seife?« zu vier Abbildungen gestellt, die jeweils ein Kind darstellen, das liest, isst, schläft und sich die Hände wäscht) sowie komplexere Aufgaben zum Verständnis von Pluralformen und Präpositionen, Sequenzen, grammatischen Konstruktionen und Geschichten gestellt. Die Überprüfung mit »Tipp mal« setzt voraus, dass das Kind auf das iPad zeigen oder mit einer Taste das Scanning bedienen kann. Das Verfahren ist auch in einer englischen, italienischen, türkischen, russischen und arabischen Version verfügbar.

Mit dem separat erhältlichen Material »Blick mal« (https://uk-couch.de/projekte/blick-mal/) können auch Kinder untersucht werden, die weder auf das iPad zeigen noch es mit einer Taste bedienen können. Sie können ihr Sprachverständnis zeigen, indem sie den Blick auf eine von vier Antwortmöglichkeiten richten. Die Aufgaben entsprechen der Zusammenstellung von »Tipp mal« (236 Antwortkarten, drei Geschichtenkarten). Alternativ zur Verwendung mit einem Tablet kann auch eine transparente Blicktafel eingesetzt werden, an der die Bildkarten befestigt werden. Es liegen erste Erfahrungen von Nutzer:innen vor, die dafür sprechen, dass »Blick mal« bei Mädchen mit Rett-Syndrom sinnvoll einsetzbar ist.

Untersuchung von Fähigkeiten mittels Eye-Tracking-Gerät

Die Verwendung eines Eye-Tracking-Geräts (z. B. Tobii Pro; https://www.tobii.com/products/eye-trackers#screenbased) bei einer Untersuchung des Sprachverstehens macht es möglich, die Augenbewegungen eines Kindes mit quantitativen Maßen zu analysieren (▶ Kap. 3). Die mit dem Gerät verbundene Software erlaubt es zu berechnen, wie häufig ein Kind eine bestimmte Region auf einem Bild fixiert (Häufigkeit der Fixation), wie lange es sie fixiert (Dauer der Fixation) und wie häufig es mit den Augen zu einem vorherigen Punkt zurückkehrt (Regressionen). Die Blickbewegungen eines Kindes können mit sogenannten »Heat-Maps« visualisiert werden, die quantitativen Daten geben Aufschluss über die Fixationsdauer auf jedes einzelne Bild und die Wechsel zwischen verschiedenen Bildern.

Anhand der automatisch generierten Heat-Maps lässt sich erkennen, welches Bild ein Kind als dasjenige auswählt, nach dem die Untersuchenden fragen. Dichte Farbmarkierungen zeigen die entsprechende Wahl des Kindes an. Die Beurteilung ist damit unabhängig von der subjektiven Einschätzung der Blickrichtung durch die Untersuchenden. Grundsätzlich eignet sich die Eye-Tracking-Technologie nicht nur für die Beurteilung des rezeptiven Wortschatzes, sondern auch für die diagnostische Einschätzung komplexerer Sprachverarbeitungsfähigkeiten bei Kindern, die aufgrund ihrer Beeinträchtigungen ihr Wissen in Bildwahlaufgaben nicht durch Deuten auf einzelne Bilder oder verbale Antworten zeigen können (Key et al., 2020).

Ein solches Gerät, das an einen herkömmlichen PC-Bildschirm angeschlossen werden kann, wird wegen der hohen Anschaffungskosten bisher nur in Forschungsstudien eingesetzt. Es dürfte aber aufgrund des Potenzials zur Beurteilung von Verarbeitungs- und Kommunikationsfähigkeiten bei Kindern, die nicht oder nur sehr begrenzt über Lautsprache verfügen, künftig auch zunehmend in Beratungsstellen zur Unterstützten Kommunikation (die häufig an Förderzentren für Kinder mit motorischen Behinderungen angeschlossen sind) oder in Sozialpädiatrischen Zentren verfügbar sein.

Ob eine Untersuchung der Blickbewegungen mittels eines Eye-Tracking-Geräts eine valide Aussage über die Verarbeitungsfähigkeiten eines Mädchens mit Rett-Syndroms verspricht, hängt in gewissem Maße von seinen Erfahrungen im Umgang mit einem elektronischen Kommunikationsgerät, seiner Fähigkeit zur Fokussierung von Bildern auf dem PC-Bildschirm und – vor allem – von seiner Motivation ab, sich auf eine solche Untersuchung einzustellen. Ob ein Mädchen mit Rett-Syndrom über diese Voraussetzungen verfügt, kann am besten mit informellen Beobachtungen anhand von Fotos von vertrauten Personen oder Aktivitäten geprüft werden, die nach Auskunft der Eltern für das Kind besonders interessant sind. Es ist nicht erforderlich, dass das Kind bei der Kalibrierung des Gerätes (d. h. der Einstellung des Geräts zur präzisen Verfolgung der Augenbewegungen eines Kindes bei wechselnden Lichtpunkten) optimale Werte erreicht. Auch eine vereinfachte Kalibrierung (wenn das Kind z. B. nur einen Lichtpunkt fixiert) kann für den Beginn der Untersuchung ausreichen.

Die Motivation eines Mädchens mit Rett-Syndrom, sich auf eine solche Untersuchung einzulassen, kann durch PC-gestützte Spiele gefördert werden, bei denen es durch gezielte Augensteuerung interessante Spieleffekte auslösen, z. B. Objekte mit den Augen auf dem Bildschirm »jagen« kann. Das Software-Programm »Look to Learn« (https://www.rehamediashop.de/look-to-learn.html) enthält 60 spielerische Aktivitäten, mit denen eine gezielte Blicksteuerung am PC angeregt werden kann. Die einzelnen Übungen können individualisiert werden, d. h. eigene Bilder können importiert werden und ermöglichen so eine Variation des Bildmaterials.

Die Forschungsarbeiten, die in Kapitel 3 beschrieben wurden, sprechen dafür, dass zumindest ein Teil der Mädchen mit Rett-Syndrom über wesentlich höhere Verarbeitungsfähigkeiten verfügt, als sich im Alltag an ihren Handlungen erkennen lässt. Ergänzend zu dem Versuch einer standardisierten Untersuchung sollten deshalb die Eltern nach ihren Alltagsbeobachtungen gefragt werden, wie ihre Tochter auf Stimuli reagieren, die für sie von besonderer Bedeutung sind. Viele Eltern berichten solche »anekdotischen« Beobachtungen, die zeigen, dass ihre Töchter wesentlich mehr Informationen verarbeiten könnten, als sich mit traditionellen Tests messen lässt, und dass sich dies an ihren Blickbewegungen sowie ihren Reaktionen auf Veränderungen in Alltagssituationen ablesen lasse.

Fragebögen und Beobachtungen zur Einschätzung kommunikativer Fähigkeiten

Die geschilderten Forschungsbefunde haben deutlich gemacht, dass Mädchen mit Rett-Syndrom nicht ausschließlich ihre Blickrichtung, sondern ein breites Spektrum von körpereigenen Kommunikationsmitteln einsetzen. Im Rahmen der pädagogisch-psychologischen Diagnostik gilt es, im Sinne einer multi-modalen Kommunikation aus körpereigenen Kommunikationsformen, Bildsymbolen und elektronischen Kommunikationshilfen möglichst alle Formen der Kommunikation zu erfassen, über die ein Mädchen verfügt. Das Ziel der Untersuchung ist es,

- die non-verbalen Strategien das Mädchen zu identifizieren, über die das Kind bereits verfügt,
- die kommunikativen Funktionen zu differenzieren, zu denen diese eingesetzt werden,
- einzuschätzen, welche Informationen aus der Umwelt das Kind zu verarbeiten vermag und

- an welchen Aktivitäten und Themen das Kind interessiert und zur Beteiligung motiviert ist.

Die diagnostische Einschätzung sollte eine systematische Befragung von Bezugspersonen aus der Familie oder dem sozialen Netzwerk des Mädchens mit Rett-Syndrom und eine direkte Beobachtung in der häuslichen oder schulischen Umgebung umfassen. Eine Videoaufzeichnung der Untersuchung ist zu empfehlen, um eine Beurteilung im Team möglich zu machen und u. U. auch kleine Veränderungen im kommunikativen Verhalten der Mädchen identifizieren zu können, die erst bei mehrfachem Analysieren eines Videos erkennbar werden. Die Einschätzung der kommunikativen Fähigkeiten sollte nicht einmalig, sondern kontinuierlich im Laufe der Intervention erfolgen und prüfen, welche Unterstützung die Kinder jeweils benötigen, um ihre Fähigkeiten zu zeigen (»dynamic assessment«).

Darüber hinaus gilt es, auch die Gelegenheiten und möglichen Barrieren zur kommunikativen Beteiligung in der der Familie, in der Schule oder in anderen sozialen Settings in die Diagnostik einzubeziehen. Dazu gehören

- die Haltung, der Kenntnisstand und die Kompetenzen zur Gestaltung der Kommunikation durch die Bezugspersonen,
- die Möglichkeiten, die in der sozialen Umgebung zur Kommunikation geschaffen werden, sowie
- der Zugang zu technischen Hilfen (Kommunikationsgeräten).

Bei Mädchen mit einer atypischen Form des Rett-Syndroms, bei der lautsprachliche Verständigungsfähigkeiten in gewissem Maße erhalten bleiben, gehört selbstverständlich auch eine Untersuchung des produktiven Wortschatzes und der Fähigkeiten zur Satzbildung zum diagnostischen Prozess. Dazu können herkömmliche Testverfahren verwendet werden. Der SETK 2 (»Sprachentwicklungstest für zweijährige Kinder«, Grimm et al. 2016), der SETK 3–5 (»Sprachentwicklungstest für Kinder zwischen drei und fünf Jahren«, Grimm, 2015) und der SET 3–5 (»Sprachstandserhebung für Kinder im Alter zwischen 3 und 5 Jahren«, Petermann, 2016) enthalten jeweils Aufgaben zur Einschätzung der Wort- und Satzbildungsfähigkeiten. Auch diese Testverfahren können – wie der PPVT-4 – für die Durchführung bei Mädchen mit Rett-Syndrom adaptiert werden. Spezifische Erfahrung zu ihrem Einsatz bei Mädchen mit (atypischem) Rett-Syndrom liegen allerdings nicht vor.

Im deutschen Sprachraum stehen verschiedene Beobachtungsbögen und Fragebögen zur Einschätzung der Kommunikationsformen und -funktionen zur Verfügung, die bei Kindern und Jugendlichen mit fehlender oder sehr eingeschränkter Lautsprache eingesetzt werden. Dazu gehört der »Beobachtungsbogen zu kommunikativen Fähigkeiten – Revision« (BKF-R; Scholz et al., 2022). Er ermöglicht ein umfassendes und detailliertes Bild kommunikativer und kommunikationsrelevanter Fähigkeiten einer Person mit schwerer und mehrfacher Behinderung. Die Bezugspersonen des Kindes oder der Jugendlichen werden zu ihren Beobachtungen befragt, welche Intentionen vom Kind oder der Jugendlichen ausgedrückt werden, über welche Möglichkeiten es verfügt, verschiedene Kommunikationsziele auszudrücken (z. B. über Gestik, Gebärden oder Lautsprache), und wie kompetent es dies tut. Zusätzlich können Wahrnehmungs-, Orientierungs- und Bewegungsfähigkeiten des Kindes oder der Jugendlichen systematisch erhoben werden. Ein ausführliches Handbuch, Erklärvideos und die Dokumentationsbögen sind frei im Internet zugänglich (https://www.bkf-r.de).

Der Beobachtungsbogen ist gegliedert in zwei Basismodule, die situationsspezifische Äußerungsformen und ihre Funktion sowie grundlegende Formen der Kommunikation (über Lautsprache, Gesten/Gebärden, Fotos und Bilder oder Schrift), der Informationsaufnahme und Beteiligung an Interaktionen erfassen. Zusätzlich können Module zur Erfassung von Fähigkeiten im Bereich der Wahrnehmung, Orientierung und Motorik festgehalten werden.

Die Befragung von Bezugspersonen kann durch eine Beobachtung der vorsprachlichen Fähigkeiten in sogenannten »kommunikations-auslösenden Situationen« (Kane, 2018) ergänzt werden. Dabei werden der intentionale Gebrauch von Gesten und Lauten, die Fähigkeit zur Abstimmung auf ein gemeinsames Thema mit einer Bezugsperson (»joint attention«) und der Symbolgebrauch differenziert. Für eine solche Beobachtung werden Objekte oder Aktivitäten ausgewählt, die für das Kind interessant sind. Sie werden in einer möglichst ablenkungsarmen Umgebung angeboten, sodass die Reaktionen des Kindes beobachtet werden können, wenn der oder die Erwachsene mit einer Aktivität innehält oder ein interessantes Objekt außerhalb der Reichweite des Kindes ist. Kane unterscheidet fünf Stufen der vorsprachlichen Entwicklung:

- Ungezieltes Verhalten
- Gezieltes Verhalten
- Partnerbezogene Äußerungen
- Konventionelle Äußerungen
- Symbolische Äußerungen

Die Reaktionen des Kindes während einer solchen Beobachtung (oder nach der Befragung der Bezugspersonen) können – alternativ zur Zuordnung zu einer dieser fünf Stufen nach Kane (2018) – nach der Kommunikationsmatrix von Rowland (2011; Scholz & Renner, 2017) jeweils einer Stufe der (vor-)sprachlichen Entwicklung zugeordnet werden (▶ Tab. 7). Dabei werden vier Funktionen getrennt voneinander beurteilt:

- Ablehnen, was man nicht möchte (Protest)
- Bekommen, was man möchte (Gegenstände oder Handlungen fordern)
- Beteiligung an sozialer Interaktion
- Weitergabe und Erhalt von Informationen (Kommentieren)

Tab. 7: Kommunikationsmatrix (Rowland, 2011)

Stufe	Fähigkeit	Beschreibung
I	Prä-intentional	Reaktive, noch nicht intentional eingesetzte Verhaltensweisen, an denen sich der Aufmerksamkeitszustand des Kindes erkennen lässt (z. B. Körperbewegungen, Laute, Mimik)
II	Intentional	Zielgerichtete, aber noch nicht auf eine andere Person gerichtete Verhaltensweisen (z. B. Arme ausstrecken)
III	Unkonventionell	Partnerbezogene Verhaltensweisen, mit denen das Kind etwas mitteilt (z. B. Körperbewegungen, Vokalisationen)

Tab. 7: Kommunikationsmatrix (Rowland, 2011) – Fortsetzung

Stufe	Fähigkeit	Beschreibung
IV	Konventionell	Verhaltensweisen (z. B. Zeigen, Nicken, Kopfschütteln, Winken), an denen die kommunikative Absicht für Bezugspersonen erkennbar ist
V	Konkrete Symbole	Gebrauch von Objekten (z. B. eine leere Tasse), Gesten oder Lautäußerungen, mit denen das Kind etwas mitteilt
VI	Abstrakte Symbole	Gebrauch von Sprache, Handzeichen oder anderen Symbolen, mit denen das Kind etwas mitteilt
VII	Sprache	Kombinationen von zwei oder drei abstrakten Symbolen unter Beachtung von grammatischen Regeln

Eine Anleitung zur Einschätzung der kommunikativen Fähigkeiten in vorstrukturierten Situationen enthält auch das Material »DiaKomm« (Diagnostik und Kommunikationsförderung. Unterstützte Kommunikation mit Menschen auf frühen Entwicklungsniveaus, Schreiber & Sevenig, 2017). Leisner (2021) stellte unter dem Titel »Schau hin« (https://www.reha vista.de/shop/artikel/schau-hin) eine umfangreiche Sammlung von möglichen Beobachtungssituationen zusammen, in denen ein Kind mit fehlender oder gering entwickelter Lautsprache zur Kommunikation motiviert werden könnte. Dazu gehören vestibuläre Reize (z. B. Schaukeln auf einer Plattform, Therapieball), visuelle Reize (z. B. Taschenlampe, Wassersäule, Discokugel, Mobile, Windrad, Fotos), auditive, propriozeptive oder taktile Reize sowie soziale Interaktionen (z. B. Kniereiterspiele, Essenssituationen, Interaktion mit Tieren). Die Autorin empfiehlt, die Beobachtungssituationen zu videografieren und kommunikative Signale zu identifizieren. Beide Materialien können in der pädagogisch-psychologischen Diagnostik von Mädchen mit Rett-Syndrom nützlich sein, um sich ein Bild von ihren kommunikativen Fähigkeiten zu machen.

6 Förderung alternativer Kommunikationsformen

In diesem Kapitel werden Empfehlungen zur Praxis der Förderung alternativer Kommunikationsformen bei Mädchen mit Rett-Syndrom zusammengestellt. Diese Empfehlungen beruhen vor allem auf den Leitlinien für die Förderung kommunikativer Fähigkeiten, die Townend et al. (2020a) veröffentlicht haben. Diese Leitlinien stützen sich auf einen systematischen und transparenten Prozess der Konsensbildung unter zahlreichen Expert:innen, die Erfahrung in der Arbeit mit Mädchen und Frauen mit Rett-Syndrom haben (Townend et al., 2020b). Ein solcher Prozess wird »Delphi-Procedere« genannt und bietet sich als Alternative zur Entwicklung von Leitlinien zur Behandlung von seltenen Erkrankungen an, bei denen die Durchführung von Studien mit einem randomisierten Kontrollgruppen-Design – wie es in der medizinischen und psychologischen Arbeit zur Evidenzbasierung von Behandlungsempfehlungen sonst gefordert wird – aufgrund relativ niedriger Fallzahlen nicht möglich ist.

Eltern, pädagogische Fachkräfte und Therapeut:innen können sich über die genannten Leitlinien hinaus in internet-basierten Fortbildungen (Webinaren) über die Möglichkeiten zur Förderung in diesem Bereich informieren. Sie werden z. B. von der internationalen »Rett Syndrome University« (https://rettuniversity.org) oder der »International Rett Syndrome Foundation« (https://www.rettsyndrome.org) angeboten. Sie sind teilweise kostenlos (nach einmaliger Registrierung oder über YouTube) zugänglich. Die englischsprachigen Präsentationen

- »Communication: Making it count«, https://www.youtube.com/watch?v=FKLlpercHGw,
- »Rett Syndrome Communication Intervention Strategies (Part 1–3), u. a. https://www.youtube.com/watch?v=h0320kAgRtU,

- »Rett syndrome: Possibilities and Competence« (https://rettu.digital chalk.com/learn/rett-syndrome-possibilities-competence),
- »Rett Syndrome and Communication« (7 kurze Videos der Firma Tobii Dynavox; https://www.youtube.com/watch?v=2GRb5JOe46o&list= PLs_sIekvATdznVmINO4v2yl7S3NQovH3z

enthalten zahlreiche Videoausschnitte, die das Vorgehen bei Mädchen mit Rett-Syndrom in unterschiedlichem Alter demonstrieren. Einzelfallberichte, die in der Fachzeitschrift »Unterstützte Kommunikation«, in dem Band »Augenblicke – Unterstützte Kommunikation und Rett-Syndrom« (Braun et al., 2014) veröffentlicht wurden bzw. über die Internetseite einer europäischen Rett-Syndrom-Vereinigung (https://www.rettsyndrome.eu/family-resources/family-focus/) zugänglich sind, können Eltern, pädagogischen Fachkräften und Therapeut:innen ebenfalls als Orientierung über die Chancen der Förderung alternativer Kommunikationsformen dienen.

Ein eigener »Arbeitskreis Unterstützte Kommunikation« hat sich zum Erfahrungsaustausch zu Möglichkeiten Unterstützter Kommunikation bei Mädchen mit Rett-Syndrom und anderen Kindern mit besonderen Unterstützungsbedürfnissen gegründet (www.akuk-online.de).

Der Eltern-Selbsthilfeverband »Rett Deutschland e. V.« (www.rett.de) vermittelt zudem den Zugang zu einem zwölfwöchigen Intensiv-Kurs zur Einführung in die Unterstützte Kommunikation beim Rett-Syndrom. Er richtet sich an Eltern unter dem Titel »Zeig mir Deine Sprache – Kommunikation von Anfang an«. Über online verfügbare Video-Module werden ihnen sprachtherapeutische Hintergründe und konkrete Schritte zum Aufbau eines alternativen Verständigungssystems vermittelt. Es gibt die Möglichkeit zum Austausch über Video-Calls. Zusätzlich wird das Vorgehen in Live-Treffen an jede Familie individuell angepasst. Der Basis-Kurs kann ergänzt werden durch einen Aufbaukurs, in dem auch komplexe Sprachinhalte (z. B. freies Erzählen oder Kommunikation mit unbekannten Personen) thematisiert werden.

Im Übrigen sei auf das »Kompendium Unterstützte Kommunikation« (Boenisch & Sachse, 2020) hingewiesen, das einen aktuellen und umfassenden Überblick über die Sprachentwicklung unter den Bedingungen einer Unterstützten Kommunikation, die Aufgaben der Diagnostik und die wichtigsten Strategien der Intervention bietet.

Leitlinien zur Förderung kommunikativer Fähigkeiten

Townend et al. (2020b) sichteten für ihre Leitlinien zunächst in einer umfangreichen Literaturrecherche die wissenschaftlichen Befunde zur Förderung von kommunikativen Fähigkeiten bei Mädchen und Frauen mit Rett-Syndrom und baten dann 120 Fachkräfte aus 19 Ländern um ihre Erfahrungen aus der Praxis. Die sich daraus ergebenden 268 Statements zum Rett-Syndrom und zu pädagogisch-therapeutischen Empfehlungen wurden geordnet und dann 36 Fachkräften und Eltern von Mädchen und Frauen mit Rett-Syndrom mit der Bitte vorgelegt, zu beurteilen, inwieweit sie diesen zustimmen und wie hoch sie ihre Relevanz einschätzen. Bei den Fachkräften handelte es sich um Sprachtherapeut:innen, Ergo- und Musiktherapeut:innen, pädagogische Mitarbeitende sowie einige Forscher:innen aus Universitätsabteilungen und Ärzt:innen, die über Erfahrung in der Arbeit mit Mädchen und Frauen mit Rett-Syndrom verfügen.

Auf diese Weise wurden 124 Statements und Empfehlungen zusammengestellt, über die ein hohes Maß an Konsens bestand (mindestens 95 % Zustimmung im Prozess des Delphi-Procederes). Diese Empfehlungen wurden in einem Handbuch zusammengestellt, das im Internet frei zugänglich ist (https://cris.maastrichtuniversity.nl/en/publications/rett-syndrome-communication-guidelines-a-handbook-for-therapists-). Die Empfehlungen sind in acht Kategorien gegliedert:

- Grundlegende Prinzipien (20 Items)
- Professionelle Kompetenz (29 Items)
- Merkmale des Rett-Syndroms mit Auswirkungen auf die Kommunikation (19 Items)
- Strategien zur optimalen Anpassung der Umgebung (26 Items)
- Diagnostisches Vorgehen (allgemein und in Bezug auf UK; 42 bzw. 33 Items)
- Vorgehen bei der Intervention (76 Items)

Grundlegende Prinzipien

Zunächst geht es den Autor:innen der Leitlinien darum, zu betonen, dass das Potenzial zur Kommunikation bei vielen Mädchen und Frauen mit Rett-Syndrom unterschätzt wird (▶ Kap. 3). Das Rett-Syndrom gehe – zumindest bei einem Teil der betroffenen Mädchen und Frauen – nicht mit einer schweren Intelligenzstörung einher, sondern sei zunächst einmal als motorische Störung mit schwerer Apraxie anzusehen. Eine wichtige Voraussetzung für die Förderung besteht darin, ihnen ein Potenzial zum Lernen und zur Kommunikation zuzugestehen.

Grundsätzlich geht es darum, die mögliche kommunikative Bedeutung von Verhaltensweisen der Mädchen zu interpretieren. Auch wenn die Signale (z. B. die Blickrichtung) der Mädchen anfangs schwer zu erkennen sein mögen, gilt es, ihnen eine kommunikative Absicht zu unterstellen und sie mit enthusiastischem Feedback zu verstärken. Die Kommunikationspartner:innen können sie dann lautsprachlich kommentieren und den Mädchen gleichzeitig zeigen, wie sie zu diesem Zweck eine (nicht-technische oder technische) Kommunikationshilfe einsetzen können. Dieses »modeling« ist die wichtigste Instruktionstechnik zur Förderung des Gebrauchs alternativer Kommunikationsmittel.

Ein Mädchen mit Rett-Syndrom wird diese alternative Form der Verständigung nicht sofort verstehen, aber erkennen, dass seine Bedürfnisse und sein Wissen von dem bzw. der Erwachsenen erkannt werden und es auf diesem Weg eine Möglichkeit zur Beteiligung an Dialogen hat. In dieser Hinsicht gleicht der Lernprozess dem beginnenden Spracherwerb von Kindern mit unbeeinträchtigter Entwicklung im ersten Lebensjahr – auch Babys können Sprache noch nicht verstehen und selbst nutzen, lernen dies aber aus den Reaktionen der Erwachsenen, die ihren Beiträgen zum frühen Dialog jeweils kommunikative Absichten »unterstellen«.

Dabei ist nicht impliziert, dass jedes Mädchen mit Rett-Syndrom das gleiche Niveau kommunikativer Fähigkeiten erreichen wird. Jedes Mädchen sollte jedoch die Möglichkeit erhalten, sein Potenzial so weit wie möglich zu entfalten. Keinem Mädchen mit Rett-Syndrom dürfen Lern- und Kommunikationsmöglichkeiten allein aufgrund seiner medizinischen Diagnose vorenthalten werden.

Professionelle Kompetenz

Dazu bedarf es responsiver, kompetenter Bezugspersonen (Eltern und Fachkräfte), die individuell abgestimmte, multimodale Kommunikationsformen aus körpereigenen Formen der Verständigung wie Blickrichtung, Zeigen, Vokalisation und Mimik mit dem Einsatz von nicht-technischen Kommunikationshilfen (Kommunikationstafeln, Bildkarten) und technischen Kommunikationsgeräten miteinander verbinden.

Alle erwachsenen Bezugspersonen müssen wissen, dass die schwere Apraxie, die für Mädchen mit Rett-Syndrom charakteristisch ist, bedeutet, dass sie viel mehr Zeit brauchen, um eine kognitive Absicht in eine motorische Handlung umzusetzen, wenn diese Handlung eine willkürliche Steuerung der Aufmerksamkeit und Motorik erfordert. Bei den Aufgaben, die ihnen gestellt werden, sollten die Anforderungen an die Verarbeitung komplexer Informationen und die Steuerung von Handlungen daher so weit wie möglich reduziert werden. Je geringer die motorischen Anforderungen bei der Nutzung eines Kommunikationsmittels sind, umso eher können auch kognitiv komplexe Aufgaben bearbeitet werden.

Eine entspannte, respektvolle Zuwendung der Bezugspersonen zu den Mädchen ist eine Voraussetzung dafür, dass Kommunikation gelingt. Es ist außerordentlich wichtig, sich Zeit zu nehmen, um geduldig eine solche vertrauensvolle Beziehung zu einem Mädchen mit Rett-Syndrom aufzubauen. Damit Mädchen mit Rett-Syndrom sich auf die ihnen jeweils mögliche Art und Weise äußern, müssen sie darauf vertrauen können, dass die Bezugsperson

- auf ihre Reaktionen wartet,
- ihrer Führung folgt und auf ihre Kommunikationsversuche antwortet,
- die Bedeutung ihrer Signale zu interpretieren versucht und
- ihnen Rückmeldung gibt, was sie verstanden hat.

Zur professionellen Kompetenz von Fachkräften gehört auch die Bereitschaft zur Zusammenarbeit in einem multi-disziplinären Team (Eltern, UK-Fachkraft, Sprach-, Ergo- und Physiotherapeut:in sowie Psycholog:in und Neuropädiater:in mit Erfahrung in der Behandlung des Rett-Syndroms), um diesen besonderen Herausforderungen gerecht zu werden. Fachkräfte, die noch keine Erfahrung in der Arbeit mit Mädchen und Frauen mit Rett-Syndrom haben, sollten sich um Fortbildung bemühen – mögliche Angebote zur Fortbildung sind oben genannt – und die Zusammenarbeit mit erfahreneren Fachkräften suchen. Die Verantwortung für die kommunikative Förderung sollte innerhalb des Teams jeweils bei einer Fachkraft als »Key person« liegen. Ihre Aufgabe ist es,

- die Bezugspersonen des Kindes in individuell abgestimmten Kommunikationsformen und Strategien anzuleiten,
- sie mit gut verständlichen Informationen zur Förderung alternativer Kommunikationsfähigkeiten zu versorgen,
- mit ihnen Entscheidungen über das geeignete Kommunikationsmittel, Einzelheiten seiner Gestaltung und das Vokabular zu treffen, das zur Verfügung gestellt werden soll, und
- bei Problemen zur Beratung zur Verfügung zu stehen.

Gestaltung der Umgebung

Mädchen mit Rett-Syndrom reagieren sehr empfindlich auf Druck oder Ablenkungen, insbesondere, wenn sie eine Fertigkeit erlernen sollen, die für sie neu ist. Das kann z. B. bedeuten, dass ein Mädchen eine Handlung nicht beliebig wiederholen kann, die es bereits bei anderer Gelegenheit gezeigt hat. Solche wechselnden, inkonsistenten Reaktionen sind kein Zeichen für mangelndes Interesse oder mangelnde Kooperationsbereitschaft der Mädchen, sondern durch die neurologische Störung der Apraxie bedingt, die die Steuerung von Handlungen unter Stress noch schwerer gelingen lässt. Stress ist z. B. an der Anspannung des Körpers, Grimassieren oder Veränderungen der Atemtätigkeit zu erkennen. Diese Zeichen müssen von den Bezugspersonen beachtet werden. Stress kann reduziert werden, indem die Mädchen gut darauf vorbereitet werden, was geschieht und von ihnen erwartet wird, indem Druck auf Reaktionen vermieden wird und sie erleben, dass sie die Situation selbst (mit-)steuern können.

Auch die Handstereotypien, die den gezielten Handgebrauch verhindern und die Aufmerksamkeitssteuerung der Mädchen stören, variieren von Tag zu Tag und in Abhängigkeit von Stress, Ängstlichkeit, Müdigkeit oder Schmerzen. Die Bezugspersonen sollten um diese Zusammenhänge und um die Möglichkeit wissen, die Stereotypien durch ein sanftes Festhalten einer Hand oder durch Anlegen von Hand- oder Ellbogen-Schienen für eine gewisse Zeit zu unterbinden.

Einige Mädchen benötigen Hilfen zur Regulierung ihrer Wachheit und Aufmerksamkeit. So kann es z. B. für Mädchen mit Rett-Syndrom leichter sein, ihre Aufmerksamkeit im Stehen zu steuern. Andere brauchen einen häufigen Wechsel der Körperposition oder längere Pausen, um ihre Aufmerksamkeit aufrechterhalten zu können. Beliebte TV-Filme oder Musik können die Aufmerksamkeit von Mädchen mit Rett-Syndrom aktivieren und dazu beitragen, dass nachfolgende Lernsituationen besser bewältigt werden.

Die Einführung von technischen Kommunikationsgeräten kann durch Spielmöglichkeiten vorbereitet werden, bei denen ein Mädchen mit Rett-Syndrom lernt, wie es durch den Druck auf Schalter oder Tasten interessante Effekte auslösen kann. Malzer (2014) beschreibt eine Fülle solcher Möglichkeiten. Dazu gehören z. B. der PowerLink zur Steuerung von netzstrom-betriebenen Geräten in Alltagssituationen (z. B. https://www.prentke-romich.de; https://www.rehavista.de), die Software »BigBang« zur Vermittlung von Ursache-Wirkungs-Zusammenhängen (https://www.hidrex.de) und eine Software namens »KlickTool Literacy AAC«, mit der eine Auswahl von Bilderbüchern am PC abgerufen werden kann (https://www.rehavista.de). Es werden auch zunehmend mehr Apps entwickelt, die eine Steuerung am iPad mittels Touchscreen erlauben. Eine Fülle von Materialien (z. B. Kommunikationsbücher, Erzählbücher) ist über die Webseite »UK-Couch« (www.uk-couch.de) als PDF-Downloads zugänglich.

Auswahl von Symbolsystemen und Steuerungsmöglichkeiten

Auf die Möglichkeiten, mit Fragebögen und Beobachtungssituationen die kommunikativen Fähigkeiten einzuschätzen, über die ein Mädchen mit Rett-Syndrom verfügt und auf denen die weitere Förderung aufgebaut werden kann, wurde bereits eingegangen (▶ Kap. 5).

Wenn Kommunikationstafeln oder elektronische Kommunikationsgeräte mit Bildsymbolen eingeführt werden sollen, sollten die Größe und Zahl von Symbolen auf der Tafel oder dem PC-Bildschirm variiert und unterschiedliche Bedienungsmöglichkeiten erprobt werden, um die Form zu finden, die den individuellen Möglichkeiten des Mädchens am besten entspricht. Die Auswahl eines Symbols kann grundsätzlich durch gezielte Blickrichtung, das Zeigen auf ein Symbol, das Tippen auf einen Touchscreen, das Drücken einer Taste an dem Gerät oder durch »Head-pointing« erfolgen. Bei der letzten Variante wird ein Laserpointer mit einem Band um den Kopf befestigt, mit dem ein Mädchen mit Rett-Syndrom einzelne Symbole durch Kopfbewegungen ansteuern kann, wenn ihm die gezielte Steuerung des Blicks oder ein Handgebrauch nicht möglich ist.

Von dem oder der Partner:in unterstütztes Scanning ist eine Alternative, wenn ein Kind ein Symbol nicht selbständig ansteuern, aber Ja/Nein-Antworten geben kann. Dies ist relativ zeitaufwendig, denn das Kind muss den Zeigebewegungen (begleitet von der Benennung der Symbole) der Bezugsperson an der Tafel oder auf der Bildschirmfläche des Geräts folgen und dann eine Taste drücken oder auf andere Weise anzeigen, dass das »gewünschte« Symbol erreicht ist. Das erfordert eine ausgedehnte Übungszeit und stellt beträchtliche Anforderungen an die Kooperations- und Speicherfähigkeiten des Kindes, bis die gewünschte Mitteilung aus den einzelnen Elementen zusammengesetzt ist.

Die Verwendung von technischen Hilfen zur Kommunikation ist nicht an spezifische Fähigkeiten als Voraussetzung gebunden, z. B. ein sicheres Verständnis von Ursache-Wirkungs-Zusammenhängen oder die zuverlässige Identifikation von Symbolen und die Wahl zwischen Alternativen. Man kann auch mit einem Tablet oder Tobii-Gerät anfangs »nur« spielen und Spaß haben, indem die Mädchen erleben, dass sie durch ihre Blickrichtung interessante Effekte auf dem Bildschirm auslösen können – oder eine:n Kommunikationspartner:in dadurch z. b. dazu bewegen können, Seifenblasen durch die Luft schweben zu lassen. Entscheidend ist, dass der bzw. die Erwachsene die Funktion des Geräts demonstriert (»modeling«), und die Motivation der Mädchen, es selbst zu gebrauchen, geweckt wird.

Es ist daher möglich und sinnvoll, elektronische Hilfen bei Mädchen mit Rett-Syndrom bereits im frühen Kindesalter einzusetzen. Sie sollten auch nicht erst dann eingeführt werden, wenn ein Mädchen die Verwendung nicht-elektronischer Hilfen (z. B. Kommunikationstafeln) beherrscht. Bei einigen Mädchen ist zu beobachten, dass sie gar nicht auf die Förderung des Gebrauchs solcher nicht-elektronischer Hilfen eingehen, weil sie merken, dass sie damit nur eine sehr beschränkte Ausdrucksmöglichkeit haben. Sie erleben diese Möglichkeiten offenbar als »langweilig«, weil sie sich damit nicht wirklich an Gesprächen beteiligen und ihre Meinung mitteilen können, reagieren aber interessiert und kooperativ, wenn ihnen elektronische Kommunikationsgeräte angeboten werden.

Ein zweites Argument für einen frühen Einsatz von kommunikativen Hilfen: Je später die Förderung mit kommunikativen Hilfen einsetzt, desto höher ist die Wahrscheinlichkeit, dass die Mädchen problematische Verhaltensweisen (z. B. Quengeln, Schlagen nach Objekten, Treten nach Personen) einsetzen, um ihre Bedürfnisse auszudrücken. Es gilt, solchen problematischen Verhaltensweisen frühzeitig durch Aufbau alternativer Verständigungsmöglichkeiten vorzubeugen.

Aufbau eines Kommunikationssystems

Das Ziel der Kommunikationsförderung bei Mädchen mit Rett-Syndrom liegt nicht nur darin, Wünsche und Bedürfnisse mitteilen zu können. Es geht vielmehr darum, ein breites Spektrum von kommunikativen Funktionen zu fördern und eine Möglichkeit zur Beteiligung an Gesprächen sowie zur Teilhabe an Alltags- und Lernaktivitäten zu eröffnen. Die Themen, die für die Kommunikationsförderung ausgewählt werden, müssen sich auf die individuellen Interessen der Mädchen, den konkreten Lebensalltag und das Geschehen im »Hier und Jetzt« beziehen. Die Auswahl der Themen sollte sich eher am Alter der Mädchen und nicht an ihren sehr eingeschränkten motorischen Fähigkeiten orientieren.

Der Aufbau eines Kommunikationssystems kann in mehrere Schritte gegliedert werden, die nacheinander oder einander überlappend umgesetzt werden können (siehe Kasten). Zunächst geht es darum, mit einem Mädchen mit Rett-Syndrom zu üben, wie es Zustimmung oder Ablehnung signalisieren kann. Die Förderung einer eindeutigen Ja-Nein-Antwort auf Fragen oder das Angebot einer Wahl zwischen mehreren Alternativen (z. B. bei Mahlzeiten oder bei Freizeitbeschäftigungen) gehört zu den basalen Zielen bei allen Mädchen mit Rett-Syndrom. Die Form der Antwort kann individuell sehr verschieden sein. Das kann die Aufnahme von Blickkontakt zur Bezugsperson, ein Lächeln, ein Nicken bzw. das Abwenden des Kopfes, ein Blinzeln mit den Augen, eine Geste oder ein spezifischer Laut sein. Viele Eltern führen auch Ja-Nein-Karten ein, mit denen ihr Kind durch Ansteuern mit dem Blick (»eye pointing«) auf solche Fragen antworten kann.

Planungsschritte beim Aufbau alternativer Verständigungsformen

- Einüben einer Ja-Nein-Antwort auf Fragen oder Wahlmöglichkeiten
- Erweiterung der Mitteilungsmöglichkeiten durch Zeigen auf oder Übergeben von Bildkarten (PECS)
- Direkte Instruktion zur Diskrimination von Symbolen
- Erweiterung der Mitteilungsmöglichkeiten über Kommunikationstafeln
- Bedienung einfacher Geräte mit Sprachausgabe (z. B. »BIGMack«, »Step-by-Step«)
- Einführung eines elektronischen Kommunikationsgeräts mit Sprachausgabe

Bei Mädchen, deren Fähigkeit zur Koordination von Handbewegungen ein Zeigen auf oder Übergeben von Bildkarten erlaubt, lässt sich das Picture Exchange Communication System (PECS; Frost & Bondy, 2002) nutzen, bei dem die Kinder einer anderen Person eine Karte mit einem Symbol übergeben, um einen Wunsch auszudrücken. Dieses Vorgehen erweitert die Möglichkeiten, aus eigener Initiative mit einer Bezugsperson aus einer gewissen Entfernung zu kommunizieren, und ist einfach einzuführen, denn es ermöglicht dem bzw. der Erwachsenen eine manuelle Hilfe, die er oder sie dann schrittweise ausblenden kann. Die Übergabe von Karten ist jedoch nur für Mädchen möglich, deren Fähigkeit zur Koordination von Handbewegungen ein Greifen der Symbolkarte erlaubt.

Die Nutzung von Kommunikationstafeln kann schrittweise aufgebaut werden, indem zunächst zwei Symbole zur Wahl angeboten werden und dann das Spektrum der Wahlmöglichkeiten schrittweise erweitert wird. Die Symbole werden dabei auf einer Tafel, die vor dem Kind auf einem Tisch liegt, oder auf einer senkrecht aufgestellten, transparenten Scheibe mit Klebeband befestigt. In diesem Fall kann die Bezugsperson hinter einer solchen Scheibe sitzen und die Blickrichtung des Kindes gut nachverfolgen. Viele Mädchen mit Rett-Syndrom verstehen rasch, dass sie ihre Wahl mit ihrer Blickrichtung anzeigen können.

Wenn ein Mädchen dabei noch keine eindeutige Reaktion zeigt, kann die Diskrimination zwischen zwei Symbolen selbst auch schrittweise angebahnt werden (»direkte Instruktion«). Dazu wird zunächst ein Bild neben einer leeren Karte platziert. Das Mädchen wird seine Aufmerksamkeit auf das Bild richten. In den weiteren Lerndurchgängen wird auf der zunächst leeren Karte ein zweites Symbol »eingeblendet« (z. B. über allmählich konkreter werdende Strichzeichnungen), bis das Mädchen versteht, dass es zwei Alternativen zur Wahl präsentiert bekommt. Es empfiehlt sich dabei, ein Symbol für etwas, das das Kind gern mag, mit einem Symbol, von dem man weiß, dass es nicht zu den Vorlieben des Kindes gehört, zu kombinieren. Das lässt zuverlässiger erkennen, ob es tatsächlich eine Wahl trifft.

Für die Auswahl der Bilder auf der Kommunikationstafel können Fotos aus dem Alltag des Kindes oder grafische Symbole verwendet werden, die sich auf spezifische Aktivitäten im Alltag beziehen. In Deutschland stehen verschiedene Symbolsammlungen zur Verfügung, mit denen solche Symboltafeln erstellt werden können. Am häufigsten werden dazu verwendet:

- Picture Communication Symbols (PCS), die mit der Software Boardmaker vertrieben werden (https://de.tobiidynavox.com/products/boardmaker-7)
- METACOM-Symbole, die mit der Software MetaSearch in Deutschland entwickelt wurden (https://www.metacom-symbole.de/)

Die Fotos oder Symbole müssen in hinreichend großem Abstand voneinander präsentiert werden, damit die Blickrichtung der Kinder eindeutig zu erkennen ist. Sie sollten nach Themen und den Kommunikationssituationen, in denen sie gebraucht werden, geordnet werden. Zahl und Größe der Fotos bzw. Symbole auf der Kommunikationstafel hängen von den individuellen Steuerungsmöglichkeiten des Kindes ab.

Einfache Geräte mit Sprachausgabe (z. B. »BIGMack«) erlauben es, jeweils eine Mitteilung mittels Tastendrucks zu machen. Das Kind kann damit z. B. einen Wunsch äußern, eine Lieblingsspeise oder ein Getränk zu erhalten, ein Lieblingslied zu hören oder einen Lieblingsfilm zu sehen. Die Symbole auf dem Gerät können entsprechend ausgetauscht, die Sprachausgabe kann von den Bezugspersonen selbst aufgezeichnet werden. Die Taste muss so platziert werden, dass das Kind sie leicht erreichen kann. Eine Bedienung des Geräts ist durch Tastendruck mit der Hand, evtl. aber auch mit dem Ellbogen, dem Kinn oder dem Fuß möglich. Sie kann mit verbalen oder manuellen Hilfen (»Prompting«) eingeübt werden. Das Gerät »Step-by-Step« erlaubt eine mehrstufige Bedienung, d. h., das Kind kann damit mehrere Mitteilungen nacheinander machen (z. B. zunächst »Ich möchte etwas essen«, dann »Ich möchte Joghurt«). Diese einfachen Geräte können z. B. über https://www.rehavista.de bezogen werden.

Es ist sinnvoll, solche einfachen Kommunikationshilfen auch weiterhin einzusetzen, wenn bereits komplexere elektronische Geräte eingeführt sind. Sie können an verschiedenen Ort in der Wohnung oder in der Klasse platziert werden und erlauben es Mädchen, die sich im Raum fortbewegen können, einen flexiblen Gebrauch zur Mitteilung einfacher »Botschaften«.

Auswahl eines komplexeren elektronischen Kommunikationsgeräts

Die Auswahl und individuelle Anpassung eines komplexeren elektronischen Kommunikationssystems basiert auf den Ergebnissen der diagnostischen Einschätzung der motorischen, sensorischen, kognitiven und rezeptiv-sprachlichen Fähigkeiten des Kindes und erfolgt in mehreren Schritten:

- Die Fachkraft muss sich mit den Anforderungen vertraut machen, die das UK-System an den bzw. die Nutzer:in stellt.
- Sie muss abwägen, für welche kommunikativen Funktionen und in welchen Situationen es eingesetzt werden soll.
- Sie muss die Vorkenntnisse der Bezugspersonen zum Umgang mit Methoden der Unterstützten Kommunikation berücksichtigen.
- Sie muss das Kind im Gebrauch des UK-Mittels anleiten, den Einsatz mit dem Kind über eine längere Zeit erproben und dann individuelle Anpassungen (Auswahl des Vokabulars, des Symbolsystems und der Steuerung des Systems) vornehmen.

Bei der Auswahl eines elektronischen Kommunikationsgerätes sind mehrere Kriterien zu berücksichtigen:

- Transportabilität (z. B. auch der Möglichkeit, es an einem Rollstuhl zu befestigen), Größe und Gewicht des Geräts,
- Möglichkeiten der Anpassung der Reaktionszeiten, der Steuerung und der Navigation zwischen verschiedenen Seiten,
- Verfügbarkeit von Software und Symbolsammlungen für das Gerät,
- Möglichkeiten der Sprachausgabe,
- Anforderungen an technische Fähigkeiten der Bezugsperson sowie
- pragmatische Aspekte, z. B. Verlässlichkeit eines Supports, Anschaffungspreis des Geräts und Regulierung der Kostenübernahme (durch die Krankenkasse).

Elektronische Kommunikationsgeräte erlauben es, ein stetig wachsendes Vokabular zur Verständigung zur Verfügung zu stellen. Es ist bei komplexen Kommunikationsgeräten zwischen statischen und dynamischen Oberflächen zu unterscheiden. Bei statischen Oberflächen werden jeweils auf einer Seite diejenigen Symbole präsentiert, unter denen das Kind wählen kann. Die Symbole sind dabei an festen Positionen angeordnet, was das Suchen und Finden sowie die motorische Automatisierung des Abrufs erleichtert. Beim »GoTalk« kann die Zahl der Symbole z. B. zwischen sechs und 32 variiert werden.

Bei dynamischen Displays können Start- und Unterseiten hierarchisch angeordnet werden, sodass das Kind zunächst zwischen mehreren thematischen Kategorien navigieren und dann eine Auswahl zwischen Alternativen treffen kann. Auch die Navigation zwischen verschiedenen Kategorien (Oberflächen) kann durch direkte Instruktion, d. h. über »Modeling«, Hilfestellungen und ihre Ausblendung (»Prompting« und »Fading«), differenzielle Verstärkung und schrittweise Verknüpfung der »Arbeitsschritte« (»forward chaining«) angeleitet werden.

Eine neue Generation von Windows-basierten Kommunikationsgeräten, die sich durch eine hohe Geschwindigkeit der Verarbeitung auszeichnen, bietet die Möglichkeit zu einer direkten Augensteuerung. Dazu gehört z. B. die Geräteserie TD I-13/TD I-16 der Firma Tobii Dynavox (https://de.tobiidynavox.com/pages/td-i-series). Es handelt sich um ein robustes Gerät mit Sprachausgabe, das unabhängig von den Lichtbedingungen eingesetzt werden kann. Eine Kommunikationssoftware ist vorinstalliert und kann flexibel erweitert werden. Viele Mädchen, die eine gewisse Vorerfahrung mit alternativen Kommunikationsformen haben, verstehen rasch und ohne vorbereitende Übungen, dass sie mittels dieser Technik ihre Wünsche und Bedürfnisse gezielter ausdrücken können.

Wenn ein Mädchen zunächst kein Interesse an diesen technischen Hilfen zeigt, sollte der Versuch nicht vorzeitig abgebrochen werden. Es kann sein, dass das Mädchen nicht weiß, was von ihm erwartet wird, oder die Situation nicht als motivierend erlebt. Spiele am Bildschirm, bei denen das Kind den unmittelbaren Effekt einer gezielten Blicksteuerung (»chasing a target with the eyes«) erleben kann, können diese Motivation fördern. Das Softwarepaket »Look to learn«, das über www.rehavista.de oder https://

www.rehamedia-shop.de/look-to-learn.html bezogen werden kann, bietet zahlreiche Übungsmöglichkeiten dieser Art an.

Derzeit ist die Anschaffung eines Kommunikationsgeräts mit Augensteuerung noch sehr kostspielig, sodass es intensiver Bemühungen der begleitenden Fachkräfte bedarf, um Kostenträger zur Kostenübernahme dieses Hilfsmittels zu bewegen. Generell muss damit gerechnet werden, dass Anträge auf die Finanzierung elektronischer Kommunikationsgeräte bei den Sachbearbeitenden der Krankenkasse häufig zunächst auf Ablehnung treffen, weil diese in Frage stellen, dass ein solches Gerät von einem Mädchen mit Rett-Syndrom effektiv genutzt werden kann. Auch in diesem Zusammenhang ist es wichtig, darauf hinzuweisen, dass das Rett-Syndrom zumindest nicht bei allen betroffenen Mädchen – wie es häufig noch in medizinischen Kurzinformationen angegeben wird – mit einer schweren intellektuellen Behinderung einhergeht.

Auswahl des Vokabulars

Das Ziel ist die Entwicklung von möglichst häufigen, variablen, komplexen und klaren Formen der Kommunikation mit möglichst vielen Partner:innen. Dazu ist ein breites Spektrum von kommunikativen Funktionen nötig (Aufforderungen, Antworten, Protest, Kommentar, Fragen, Beschreibungen, Begrüßung u. a.).

Dieses Ziel muss bei der Auswahl und Zusammenstellung des Vokabulars beachtet werden, das auf der Kommunikationstafel oder dem elektronischen Kommunikationsgerät zur Verfügung gestellt wird. Es ist dabei zwischen Kern- und Randvokabular zu unterscheiden. Unter Kernvokabular (z. B. »ich auch«, »nochmal«, »fertig«, »wollen«, »keine«) werden Wörter verstanden, die mit hoher Frequenz und in verschiedenen Kombinationen zur Bildung allmählich umfangreicherer Äußerungen eingesetzt werden können, während das Randvokabular individuell für die Situationen zusammengestellt wird, in denen das Kind die Kommunikationsform nutzen soll. Es sollte Ideen, Interessen, Emotionen, soziale und schulische Begriffe enthalten und fortlaufend angepasst werden. Die Symbole können nach Aktivitäten oder Kontexten geordnet werden, in denen sie gebraucht werden. Kern- und Randvokabular kann auf der gleichen Oberfläche oder – wenn das Kind die Navigation lernt – auf verschiedenen Seiten des Kommunikationsgerätes (»dynamisches Display«) präsentiert werden. Für viele Alltagssituationen (z. B. Gespräche über Ereignisse oder Filme, Mitteilungen während Therapiesitzungen oder der Kreisrunde in der Klasse) kann es auch sinnvoll sein, für die Sprachausgabe nicht Einzelwörter, sondern kleine Sätze zu programmieren, die das Kind dann aktivieren kann.

Grundsätzlich sollte ein möglichst breites Repertoire an Ausdrucksmöglichkeiten angestrebt werden. In der Anfangsphase der Kommunikationsförderung kann allerdings eine Begrenzung des Vokabulars auf wenige Wörter sinnvoll sein, um Frustration zu vermeiden oder wenn die Steuerungsmöglichkeiten des Mädchens eng begrenzt sind. Wenn das Kind dann gelernt hat, eine Kommunikationshilfe mit begrenztem Vokabular zu nutzen, kann das Vokabular allmählich entsprechend den Bedürfnissen des Kindes erweitert werden.

Malzer (2021) hat unter dem Titel »Think Big – komplexe Kommunikationshilfen von Anfang an« eine nützliche Präsentation zusammengestellt, in der das »Modeling« durch die Bezugsperson als Instruktionsstrategie im Alltag herausgestellt wird. Die Präsentation enthält auch Vorschläge und Bezugsquellen für die Zusammenstellung des ersten Wortschatzes und die Erstellung von Symboltafeln.

Anleitung von Bezugspersonen

Die Förderung der Fähigkeit, eine Antwort mit Ja oder Nein zu geben oder zwischen Alternativen wählen und damit Wünsche ausdrücken zu können (»Zeig mir, was du möchtest …«), ist nur ein erster Schritt auf dem Weg einer umfassenden Kommunikationsförderung. Um ein Mädchen mit Rett-Syndrom zur Beteiligung an einem lebendigen Dialog mit Kommentaren und Antworten auf Fragen, z. B. zu einer Geschichte in einem Bilderbuch oder einem Ereignis, zu motivieren, müssen die Bezugspersonen ihre Interaktion an die besonderen Anforderungen mit kommunikativen Hilfsmitteln anpassen. Zu diesen »Partnerstrategien« (z. B. Wilke, 2020) gehören:

- der Führung des Kindes folgen,
- gemeinsame Aufmerksamkeit herstellen,
- viele Gelegenheiten zur Kommunikation nutzen,
- Erwartungen an das Kind haben,
- genügend Zeit lassen,
- Kommunikationsformen des Kindes aufgreifen und modellieren,
- Hilfestellungen geben,
- alle Kommunikationsversuche belohnen.

Die wichtigste Strategie ist dabei das »Modeling«. Die Bezugsperson präsentiert am Kommunikationsgerät die jeweilige Oberfläche mit den Symbolen, kommentiert die Wahlmöglichkeiten, stellt Fragen, wartet – mit deutlicher Erwartungshaltung – auf die Augensteuerung durch das Kind und beobachtet seine Reaktion. Wichtig ist, dass das Kind erlebt, dass seine Augensteuerung dann prompt zu einer entsprechenden Handlung des bzw. der Erwachsenen führt.

Die Bezugsperson nutzt das Kommunikationssystem selbst fortlaufend im Dialog mit dem Kind (»Immersion«), sodass das Kind ihr Modell beobachten und verstehen kann, dass die Wörter, die mit dem Gerät »produziert« werden, mit anderen Wörtern kombiniert werden und so »echte« Gespräche (mit Sprecherwechsel) entstehen können. Eine frühe Möglichkeit dazu besteht im gemeinsamen Lesen von Bilderbüchern, bei denen der oder die Erwachsene die Aufmerksamkeit des Kindes auf die einzelnen Personen und die Handlung lenken und ihm dazu Fragen stellen kann, die es dann mit Hilfe der Kommunikationstafel oder des Kommunikationsgeräts – deren bzw. dessen Symbole natürlich auf den jeweiligen Inhalt der Geschichte abgestimmt sein müssen – beantworten kann. In anderen Situationen kann das Kind z. B. mit Symbolen auf dem Gerät selbst auswählen, welches Buch es sich vorlesen lassen möchte.

7 Pädagogische Förderung in der Schule

Kooperation bei der pädagogischen Förderung

Eine effektive pädagogische Förderung von Mädchen mit Rett-Syndrom in der Schule setzt – unabhängig vom Bildungsort – eine enge Zusammenarbeit von Fachkräften voraus, die sich mit den Bedürfnissen von Mädchen mit dieser genetischen Entwicklungsstörung und ihrem Lernpotenzial auskennen. Dabei sollte eine Fachkraft die Verantwortung dafür übernehmen, dass die soziale Teilhabe innerhalb der Schule möglichst gut gelingt und sozialer Ausgrenzung entgegengewirkt wird. Therapien zur Förderung der Unterstützten Kommunikation durch eine:n Sprachtherapeut:in oder pädagogische Fachkraft, der oder die über qualifiziertes Wissen in diesem Bereich verfügt, Hydrotherapie, Physiotherapie sowie Ergotherapie (zur Förderung von Alltagskompetenzen, z. B. beim Essen und Anziehen) sollten in das Förderprogramm integriert werden.

Eine Kooperation zwischen den pädagogischen Fachkräften und den Eltern ist unerlässlich, um die Lernumgebung für Mädchen mit Rett-Syndrom bestmöglich zu planen und den Eltern die Sicherheit zu geben, dass ihr Kind in der Schule vor Gefahren geschützt ist bzw. in Notfällen kompetent betreut wird. Eltern können zudem ein Modell sein für die pädagogischen Fachkräfte, wie Kommunikation und soziale Teilhabe unterstützt werden können. Die anderen Kinder der Klasse müssen über die Einschränkungen informiert werden, die mit dem Rett-Syndrom einhergehen, und Unterstützung erhalten, wie sie mit einem Mädchen mit Rett-Syndrom sozialen Kontakt aufnehmen können.

Eltern von Mädchen mit Rett-Syndrom sorgen sich verständlicherweise darum, dass die Bedürfnisse ihrer Kinder in der Schule ausreichend berücksichtigt werden. Sie erwarten:

- Verständnis der Fachkräfte und Kenntnisse des Rett-Syndroms,
- positive Haltung zum Potenzial ihrer Kinder und der Entwicklung von Kompetenzen,
- sensible Art und Weise des Umgangs mit dem Kind,
- Gebrauch von multi-modalen Methoden der Kommunikation im Alltag,
- Anpassungen der Lernumgebung und Hilfsmittel,
- Zuwendung, Respekt und Unterstützung bei der Entwicklung von sozialen Kontakten.

Zufriedenheit der Eltern mit der pädagogischen Förderung

Larriba-Quest et al. (2020) berichteten über eine Befragung von 29 Eltern von Mädchen mit Rett-Syndrom (im Alter von drei bis 17 Jahren) zur (vor-)schulischen Versorgung ihrer Töchter, den therapeutischen Angeboten, die sie vor und nach Eintritt in die Schule erhalten hatten, sowie zur Versorgung mit Hilfsmitteln (zur Unterstützung der Kommunikation und Mobilität).

In der Frühförderung nutzten fast alle Eltern Physiotherapie, Ergotherapie und Sprachtherapie für ihre Töchter. Zwei Drittel besuchten eine sonderpädagogische Kindertagesstätte. Nur bei 21 % wurden in diesem Alter allerdings bereits Hilfsmittel und Maßnahmen zur Unterstützten Kommunikation eingeführt. Drei Viertel der Eltern äußerten sich zufrieden mit den Angeboten der Frühförderung. Die übrigen Eltern beklagten u. a., dass keine Hilfen zur Kommunikationsförderung angeboten wurden, die Maßnahmen ohne jeden Erfolg gewesen seien oder sie den Eindruck hatten, die Kinder seien »aufgegeben« worden, sobald die Diagnose feststand. Von den neun Mädchen im Grundschulalter, deren Eltern befragt wurden, wurden drei Mädchen in Förderzentren unterrichtet, die übrigen in inklusiven Settings (allgemeine Schule mit/ohne zusätzliche Fördergruppe). Von den 15 Mädchen im Sekundarschulalter erhielten nur drei ein inklusives Schulangebot, während elf Mädchen in einem Förderzentrum unterrichtet wurden, eines in einer Heimeinrichtung. Auch diese Mädchen erhielten fast alle Sprach-, Ergo- und Physiotherapie.

Auf die Frage zur Unterstützung der Kommunikation gaben 68 % der Eltern der Schulkinder eine Förderung der Kommunikation über die Blickrichtung an, 61 % eine Förderung von Gesten. 61 % berichteten, dass Kommunikationshilfen eingesetzt wurden, zwei Eltern berichteten, dass ihre Töchter Worte oder Wortannäherungen produzieren können. Bei sieben Mädchen wurde eine Kombination aus elektronischen Geräten und Kommunikationstafeln eingesetzt, bei sechs Mädchen ausschließlich elektronische Kommunikationsgeräte. Über die Art der Steuerung dieser Geräte wurden keine Informationen erhoben.

Die meisten Eltern (59 %) sahen in der Förderung der Kommunikation und sozialen Teilhabe das wichtigste Ziel, dies galt besonders für die Eltern, deren Kinder in inklusiven Settings betreut wurden. Drei Eltern machten sich Gedanken darüber, dass ihre Tochter aufgrund ihrer fehlenden Kommunikationsmöglichkeiten in der Gruppe soziale Ausgrenzung (Mobbing) erfahren könnte. 21 Eltern nannten darüber hinaus Sorgen hinsichtlich der Sicherheit und körperlichen Gesundheit ihrer Töchter. Sie bezogen sich vor allem auf den Umgang mit epileptischen Anfällen und den Störungen der Atemregulation. Ebenso oft wurde die Sorge genannt, dass ihr Kind in der Schule stürzen und sich verletzen könnte. Fünf Eltern äußerten Sorgen hinsichtlich der Ernährung ihrer Töchter (unzureichende Flüssigkeitsgabe, mangelhafte Beachtung von Diät-Absprachen).

Die überwiegende Mehrzahl der Eltern war mit der pädagogischen Förderung in der Schule grundsätzlich oder zumindest teilweise zufrieden. Kritisch gesehen wurde von elf Eltern jedoch die geringe Zeit, in der ihre Töchter in Kontakt zu anderen Kindern in inklusiven Settings kommen; mehr als ein Drittel äußerten sich – vor allem beim Besuch einer inklusiven

Klasse – unzufrieden mit der Quantität und Qualität der Therapieangebote oder spezifischen zusätzlichen Fördermaßnahmen.

Diese Studie unterstreicht nochmals die Bedeutung der Förderung von kommunikativen Fähigkeiten und einer frühzeitigen und kompetenten Versorgung mit Mitteln zur Unterstützten Kommunikation aus Sicht der Eltern deutlich. Eine Förderung in inklusiven Settings erscheint möglich, erfordert aber entsprechende Fortbildung der pädagogischen Fachkräfte und günstige pädagogische Rahmenbedingungen. Von den pädagogischen Fachkräften wird auch erwartet, dass sie sich mit den körperlichen Bedürfnissen der Mädchen mit Rett-Syndrom vertraut machen und für ihre Sicherheit sorgen.

Die Befragung bezog sich auf Eltern von Mädchen mit Rett-Syndrom im amerikanischen Bildungssystem. Ihre Erfahrungen weisen auf wichtige Aspekte der schulischen Förderung hin, die auch für die Förderung im deutschen Schulsystem von Bedeutung sein dürften. Eine systematische Befragung von Eltern von Mädchen mit Rett-Syndrom zu ihren Erfahrungen mit der schulischen Förderung hierzulande liegt m. W. nicht vor.

Rahmenbedingungen der Förderung in der Schule

Einige Hinweise für die Gestaltung der Lernumgebung in der Schule lassen sich aus Beobachtungen und Befragungen von Lehrkräften ableiten, über die Lindberg (1991) und Lewis und Wilson (2013[2]) berichteten. Sie bezogen sich überwiegend auf Beobachtungen zur Förderung in sonderpädagogischen Förderzentren. Konzepte zur pädagogischen Förderung wurden auch von einer italienischen Arbeitsgruppe (z. B. Fabio et al., 2021) beschrieben. Das Handbuch, das von der International Rett Syndrom Society vertrieben wird (Hunter, 2007) und in deutscher Übersetzung vorliegt, enthält ebenfalls Empfehlungen und Erfahrungen zur pädagogischen Förderung von Mädchen mit Rett-Syndrom in der Schule. Die Bildungssysteme, auf die sich diese Erfahrungen beziehen, sind allerdings recht unterschiedlich, sodass sich die Erfahrungen nur begrenzt auf das deutsche Schulsystem übertragen lassen.

In Deutschland werden Mädchen mit Rett-Syndrom in den meisten Fällen in einem sonderpädagogischen Förderzentrum mit Förderschwerpunkt Geistige Entwicklung oder Motorische und körperliche Entwicklung unterrichtet. Eine Aufnahme in eine inklusive Klasse ist grundsätzlich nicht ausgeschlossen, erfordert aber dort pädagogische Rahmenbedingungen, die hinreichend auf die besonderen Bedürfnisse von Mädchen mit Rett-Syndrom abgestimmt sind. Zwei Mütter aus den USA berichten über ihre Erfahrungen:

»Angela wurde nach einem Jahr vollständiger Integration im Kindergarten in eine reguläre erste Klasse aufgenommen. Sie verblüffte das Schulpersonal mit ihrer Lernfähigkeit und entkräftete alle Zweifel an ihrem Potenzial, das ihr in der Vergangenheit zugeschrieben wurde. Ich habe viele Stunden hinter den Kulissen investiert, um Materialien anzupassen und Symbole zur Begleitung von Themenlektionen vorzubereiten. Sie hat drei Helfer, die für die Zusammenarbeit mit ihr ausgebildet sind, zur 1:1-Unterstützung. Zwei Lehrkräfte wechseln sich in der Klasse ab. Die Sonderpädagogin kommt ins Klassenzimmer, um ihre Fortschritte zu überwachen, Vorschläge zu machen und Materialien anzupassen. Diese begabte Lehrerin und die für Angela so wichtigen Freunde in der Klasse motivieren sie, trotz ihrer gesundheitlichen Probleme sehr hart mitzuarbeiten. Angela erkennt abstrakte Wörter, Kalenderkonzepte, versteht viele mathematische Konzepte, die in der ersten Klasse vermittelt werden, beginnt zu buchstabieren und zeigt ein ausgezeichnetes Verständnis von Geschichten… Was das Lernen angeht, ist das der beste Schulort für Angela.« (zit. nach Hunter, 2007, S. 338)

»Katie ist zehn Jahre alt und wurde nach dem Kindergarten in die Regelschule mit einem separaten Förderraum aufgenommen. Für uns war Teilzeitintegration der beste Weg. Wenn Katie einen ›Rett-Tag‹ hat und einfach nicht sie selbst ist, hat sie mit ihrer Assistenzkraft einen Rückzugsort, an dem sie den ganzen Tag verbringen kann. Und niemand ist ihr böse; niemand macht ihr ein schlechtes Gewissen deswegen. Wenn

> überhaupt, dann kommen die Kinder aus der regulären Klasse vorbei, um nach ihr zu sehen oder um sicher zu gehen, dass es ihr gut geht. Es ist ein sehr schönes Gefühl zu sehen, dass unser Kind von so vielen ›typischen‹ Kindern akzeptiert wird. Sie wird auch zu Geburtstagen und Spielnachmittagen eingeladen!« (zit. nach Hunter, 2007, S. 338)

Sowohl in Förderzentren als auch in inklusiven Klassen braucht es einen günstigen Personalschlüssel und Assistenzkräfte (Integrationshelfer:innen, Schulbegleiter:innen), sodass im Rahmen des Unterrichts auch die Möglichkeit zur Einzelförderung von Mädchen mit Rett-Syndrom besteht. Eine solche Einzelförderung unter ablenkungsarmen Bedingungen ist für die Anbahnung und die Erweiterung von kommunikativen Fähigkeiten sowie spezifische Lernsituationen (z. B. zum Schriftspracherwerb und seinen Vorläufern) unerlässlich. Nur unter dieser Bedingung werden sich Mädchen mit Rett-Syndrom entspannt auf solche herausfordernden Aufgaben einlassen und Zutrauen entwickeln, sie erfolgreich lösen zu können.

Eine individuelle Schulbegleitung kann von den Eltern von Mädchen mit Rett-Syndrom beim örtlichen Sozialhilfeträger beantragt werden. Für den deutschen Sprachraum liegen einige Studien vor, in denen die Tätigkeiten, die Arbeitssituation sowie Chancen und Probleme beim Einsatz von Assistenzkräften zur Unterstützung der sozialen Teilhabe untersucht wurden (Laubner et al., 2017). Henn et al. (2014) und Dworschak (2012) berichteten aus umfangreichen Erhebungen, dass nur etwa die Hälfte der Schulbegleiter:innen auf eine eigene pädagogische Ausbildung (z. B. Kinderpfleger:in, Erzieher:in) zurückgreifen konnte und sich als ausreichend qualifiziert für ihre Tätigkeit ansahen. Die Vorbereitung auf ihre Tätigkeit bestand entweder in kurzen, allgemeinen Einführungen in die Arbeit mit Kindern mit Behinderungen (z. B. einer Autismus-Spektrum-Störung) oder beschränkte sich auf Einzelgespräche oder Hospitationen bei anderen Schulbegleiter:innen. Aufgrund der Befristung ihrer Arbeitsverträge und der niedrigen finanziellen Vergütung der Assistenzkräfte kommt es zu häufigen Wechseln in der Schulbegleitung.

Dies sind völlig unzureichende Bedingungen für das Gelingen der schulischen Integration. Mädchen mit Rett-Syndrom sind darauf angewiesen, dass sich die Schulbegleitung mit den besonderen Bedürfnissen der Kinder vertraut macht, eine intensive Supervision durch pädagogische

Fachkräfte erhalten und sich insbesondere Kompetenzen zur Unterstützten Kommunikation aneignen, z. B. mittels elektronischer Kommunikationsgeräte mit Augensteuerung. Remde (2014) beschreibt in einem kurzen Bericht ihre Erfahrungen als Integrationshelferin eines Mädchens mit Rett-Syndrom; in diesem Fall ist die Einarbeitung und Kooperation mit der Lehrkraft gut gelungen. Eine qualitativ hochwertige Unterstützung in der Klasse zu organisieren, erfordert jedoch ein gemeinsames intensives Bemühen von Eltern und pädagogischen Fachkräften – das leider von den zuständigen Schulbehörden und Kostenträgern häufig nicht ausreichend gefördert wird.

Eine begleitende Sprach-, Ergo- und Physiotherapie – und Therapie-Schwimmbecken, die Aktivitäten im Wasser erlauben – ist nur an wenigen Bildungsorten vorgesehen (vor allem in Förderzentren mit Förderschwerpunkt Motorische und körperliche Entwicklung). Das gilt auch für die Organisation einer begleitenden Musiktherapie. In den meisten Fällen muss sie außerhalb der Schule mit niedergelassenen Therapeut:innen organisiert werden, was hohe Anforderungen an die Bereitschaft zur Kommunikation und Kooperation zwischen pädagogischen Fachkräften in der Schule und den begleitenden Therapeut:innen mit ihrem unterschiedlichen beruflichen Hintergrund stellt. Sie müssen sich auf eine gemeinsame Förderplanung verständigen und bereit sein, Förder- und Therapiemaßnahmen auf empirische Evidenz der Wirksamkeit zu stützen. Therapieformen, die z. T. in den Medien oder von Selbsthilfegruppen, in denen sich Eltern von Kindern mit Behinderungen zusammengeschlossen haben, propagiert werden, für die jedoch keine überzeugenden Wirksamkeitsnachweise vorliegen, sollten nicht verfolgt werden.

Die Förderung von »Unterstützter Kommunikation« gehört mittlerweile zu den Bildungsinhalten der meisten Förderzentren mit Schwerpunkt Geistige Entwicklung oder Motorische und körperliche Entwicklung. Die dort tätigen Fachkräfte verfügen zumindest über Grundkenntnisse, wie Kommunikationstafeln, Bildkarten und elektronische Kommunikationsgeräte eingesetzt werden können. Allerdings ist die Förderung von Möglichkeiten der »Unterstützten Kommunikation« nicht immer in den Unterrichtsalltag integriert, sondern wird auf einzelne Fördereinheiten beschränkt. Mädchen mit Rett-Syndrom sind aber darauf angewiesen, dass ihre kommunikativen Bemühungen in allen Situationen des Unterrichtsalltags wahrgenommen und unterstützt werden. Hierzu ist eine enge Zusammenarbeit der Fach- und Assistenzkräfte in der Klasse mit Sprachtherapeut:innen nötig, die über spezifische Kompetenzen in der Arbeit mit Mädchen mit Rett-Syndrom verfügen.

Dieckmann (2018) berichtet über die Schwierigkeiten, auf die sie bei der Suche nach einer geeigneten Schule für ihre Tochter gestoßen ist. Ein Förderzentrum mit Schwerpunkt Motorische und körperliche Entwicklung sah sich mit dem komplexen Unterstützungsbedarf des Mädchens überfordert, in einer Waldorf-Schule wurde mit Verweis auf die pädagogische Philosophie der Einrichtung die Nutzung von elektronischen Kommunikationsgeräten mit Augensteuerung abgelehnt. Erst nach einem Schulwechsel gelang es, mit Unterstützung einer Schulbegleitung eine Aufnahme in einem Förderzentrum zu organisieren, in der auch ein solches Gerät im täglichen Gebrauch war.

Westphal (2014) beschreibt die schulischen Lernerfolge, die seine Tochter mit Unterstützung durch einen kompetenten Schulbegleiter und stetiger Nutzung eines Kommunikationsgerätes mit Augensteuerung machen konnte. Im Internet finden sich beispielhafte Videos, in denen Eltern und Fachkräfte über eine gelungene soziale Integration in eine Förderschulklasse mit Unterstützung einer Schulbegleiterin berichten (https://www.youtube.com/watch?v=hzVWoI5kgO8).

Mädchen mit Rett-Syndrom brauchen – wie alle Kinder – soziale Kontakte zu anderen Kindern. Diese Erwartung wird auch von vielen Eltern geäußert. Ihre Lehrkräfte haben den Eindruck, dass sie bei den anderen Kindern durchweg willkommen und beliebt sind, weil sie die Nähe zu anderen Kindern suchen, auch wenn sie sich kaum aktiv an gemeinsamen Lernsituationen in der Klasse beteiligen können. Die Fachkräfte können Gelegenheiten zum sozialen Kontakt (z. B. bei musikalischen und künstlerischen Aktivitäten in der Klasse) schaffen und die Mädchen dabei gezielt unterstützen. Eine Mutter berichtet:

»Kimberly ist in einer ›Sonderklasse‹ und hat mit Viert- und Fünftklässlern Sportunterricht, Musik und Kunst. Ich möchte nicht, dass sie den ganzen Tag im ›normalen‹ Unterricht sitzt. Ich denke, es würde für sie manchmal sehr stressig sein und die anderen Kinder in der Klasse ablenken. Wir sind der Meinung, dass sie in dieser Konstellation ein

Maß an Therapie, Interaktion, Inklusion und Bildung erlebt, das für sie gut ist.« (zit. nach Hunter, 2007, S. 339)

Um den spezifischen Bedürfnissen von Mädchen mit Rett-Syndrom gerecht werden zu können und die Förderkonzepte individuell auf sie abzustimmen, ist schließlich ein enger Austausch zwischen pädagogischen Fachkräften und Assistenzkräften erforderlich. Da die kommunikativen Signale der Mädchen oft schwer zu erkennen und zu interpretieren sind, empfiehlt es sich dafür, Videoaufzeichnungen des Verhaltens der Mädchen in Lernsituationen anzufertigen und gemeinsam zu analysieren. Die dafür erforderliche Zeit ist im deutschen Schulsystem schwer zu realisieren, weil Zeiten für eine gemeinsame Unterrichtsvorbereitung in den Arbeitsstrukturen von Lehr- und Assistenzkräften bisher kaum vorgesehen sind.

Soziale Teilhabe in der Klasse

Aufgrund der Apraxie und der damit verbundenen Einschränkungen ihrer Möglichkeiten zur Kommunikation können die meisten Mädchen mit Rett-Syndrom sich – wie gesagt – kaum aktiv an Aktivitäten in der Gruppe beteiligen. Sie brauchen aber ein Gefühl der Zugehörigkeit. Mit dem pädagogischen Konzept der »Zugehörigkeit« (»belonging«, Nind & Strenadova, 2020) von Kindern mit komplexen Behinderungen ist gemeint, dass alle Kinder mit verteilten Rollen an gemeinsamen Erfahrungen beteiligt sind. Mädchen mit Rett-Syndrom werden dazu in soziale Aktivitäten einbezogen, die andere Kinder in der Klasse initiieren. Sie erleben, dass die anderen Kinder für ihre kommunikativen Signale sensibilisiert sind und ihre Bedeutung zu interpretieren lernen, d. h. Annahmen machen, wie die Mädchen ihre Bereitschaft und ihren Wunsch nach Zugehörigkeit ausdrücken. Dafür sind die anderen Kinder der Gruppe auf eine stetige Unterstützung durch die Fachkräfte angewiesen.

Die Förderung des Erlebens von Zugehörigkeit und sozialer Teilhabe von Mädchen mit Rett-Syndrom setzt eine sorgfältige Kenntnis ihrer Interessen, Präferenzen und Fähigkeiten voraus, die sie für die soziale Teilhabe mitbringen, sowie die fortlaufende Beobachtung der Interaktionen, die sich zwischen dem Kind und den anderen Kindern der Gruppe bzw. den Fachkräften entwickeln. Die Haltung der pädagogischen Fachkräfte muss von Offenheit und Respekt, affektiver Zuwendung, Bereitschaft zu sensibler Abstimmung auf die Signale von Aufmerksamkeit, Interesse und Kommunikationsbereitschaft der Kinder und zur Interpretation der potenziellen kommunikativen Bedeutung ihrer Verhaltensweisen geprägt sein. Sie müssen mit dem Gebrauch von technischen Hilfen vertraut sein und diese im Alltag systematisch einsetzen (Maes et al., 2020; ▶ Abb. 10).

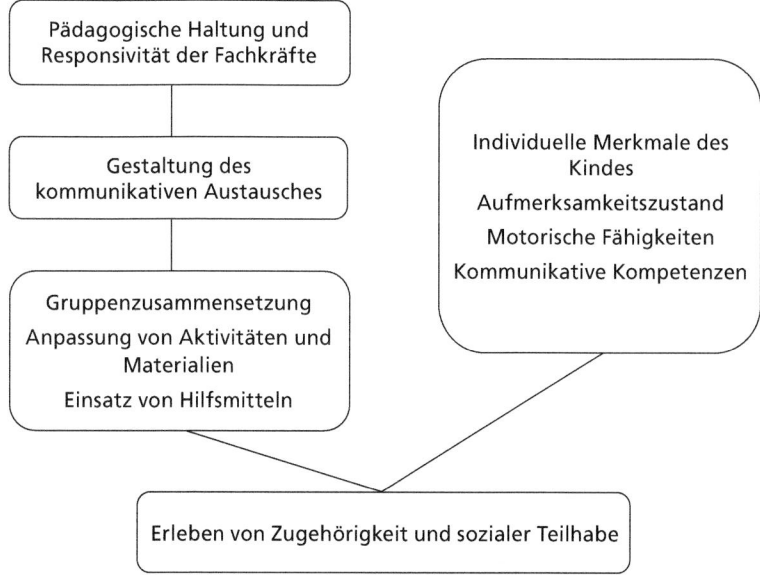

Abb. 10: Einflussfaktoren auf das Erleben von Zugehörigkeit und das Gelingen sozialer Teilhabe bei komplexer Behinderung (Maes et al., 2020)

Schülerinnen mit Rett-Syndrom – wie andere Schüler:innen mit komplexen Behinderungen, die auf alternative Formen der Kommunikation angewiesen sind – sind darauf angewiesen, dass ihre Lehrkräfte die soziale Beteiligung am Unterricht systematisch unterstützen (Geist et al., 2020). Die Lehrkräfte müssen dazu:

- Kommunikationsversuche der Schülerinnen erkennen und deuten können,
- ihnen alternativ Kommunikationsmöglichkeiten mit einem sinnvoll zusammengestellten Kern- und Randvokabular zugänglich machen und
- den Gebrauch von alternativen Kommunikationsformen über den gesamten Schulalltag – in allen Unterrichtsfächern und Pausen, während der gemeinsamen Mahlzeiten etc. – modellieren und anleiten.

Dazu bedarf es spezifischer Interventionen zur Förderung der Responsivität der pädagogischen Fachkräfte bei der Gestaltung der dyadischen Interaktionen und zur Anpassung des Settings an den besonderen Unterstützungsbedarf der Kinder und Jugendlichen mit Rett-Syndrom – wie auch bei anderen Kindern und Jugendlichen mit komplexen Unterstützungsbedürfnissen (Maes et al., 2020). Herkömmliche Fortbildungsformate, z. B. einzelne Workshops, sind kaum geeignet, Fachkräfte auf diese spezifische Aufgabe vorzubereiten.

In einem solchen Coaching könnte ihnen grundsätzliches Wissen zur Förderung der Kommunikation bei Mädchen mit Rett-Syndrom vermittelt werden, verbunden mit einer systematischen Beratung an Videobeispielen, wie sie diese Strategien umsetzen können. Solche »In-Service-Fortbildungen« sollten mit einem intensiven Austausch zwischen pädagogischen Fachkräften verbunden werden, die mit Kindern mit komplexem Unterstützungsbedarf arbeiten, um ihre Kompetenzen stetig zu erweitern. Bedauerlicherweise ist ein solches Fortbildungskonzept im Rahmen des deutschen Schulsystems bislang nur schwer zu realisieren. Es fehlt teilweise an der Bereitschaft zur fachübergreifenden Kooperation, vor allem aber an den finanziellen Ressourcen zu Implementierung eines solchen Coaching-Konzeptes.

Auswahl der Bildungsinhalte und Anpassungen im pädagogischen Vorgehen

Es gibt kein spezifisches Curriculum für Mädchen mit Rett-Syndrom. Bei der Auswahl der Bildungsinhalte sollte jedoch bedacht werden, dass sie überwiegend passive Lernende sind, d. h. auch von Bildungsangeboten des allgemeinen Curriculums für Kinder ihres Alters profitieren können, auch wenn sie ihr Interesse und ihr Wissen nur mit intensiver Unterstützung in kommunikativen Einzelsituationen zeigen können. In der individuellen Tagesplanung muss eine Balance angestrebt werden zwischen Zeiten der passiven Aufnahme von Bildungsinhalten und Zeiten, in denen 1:1-Situationen zum Dialog mit Mädchen mit Rett-Syndrom und zur Erweiterung ihrer kommunikativen Fähigkeiten geschaffen werden.

Eine Orientierung an den Bildungsinhalten des allgemeinen Curriculums ist keineswegs selbstverständlich. Aus den bereits zitierten älteren Arbeiten von Lindberg (1991) sowie Lewis und Wilson (2013[2]) lässt sich erkennen, dass sich die pädagogische Förderung von Mädchen mit Rett-Syndrom zum Zeitpunkt, als jene Beobachtungen zusammengetragen wurden, weitgehend an den Bildungszielen und Methoden des Unterrichts bei Kindern mit komplexer intellektueller Behinderung orientierte. Basale Stimulation, die Förderung von Körpererfahrungen und Welterfahrung »mit allen Sinnen«, Anregungen zur Exploration der Umwelt, Snoezelen-Räume, »intensive interaction« als methodisches Konzept der Entwicklung von Dialogbereitschaft und Strategien zur Förderung des emotionalen Wohlbefindens in der Klasse sind Empfehlungen, die von den genannten Autorinnen in den Vordergrund gestellt wurden.

Auch in jenen Arbeiten wurde bereits der Focus auf die Förderung der Kommunikation gerichtet und es wurde die Vermittlung von Bildungsgegenständen durch Anpassung an das basal-perzeptive Aneignungsniveau von Schüler:innen mit schwerer intellektueller Behinderung angesprochen. Innovative technische Entwicklungen – vor allem die Einführung von elektronischen Kommunikationsgeräten mit Augensteuerung – haben jedoch die Entwicklung individuell passender, mobiler Kommunikationssysteme und damit die Perspektiven der pädagogischen Förderung zumindest für einen Teil der Mädchen mit Rett-Syndrom wesentlich erweitert (McNaughton & Light, 2013).

Die Zuschreibung einer schweren intellektuellen Behinderung wurde sowohl von Eltern – hierzu finden sich z. b. mehrere Berichte in der Fachzeitschrift »Unterstützte Kommunikation« – als auch von Lehrkräften in Frage gestellt (Just, 2014). Die Forschungsergebnisse, die in Kapitel 3 geschildert wurden, liefern überzeugende Belege, dass das kognitive Potenzial von Mädchen mit Rett-Syndrom größer ist, als in älteren Arbeiten angenommen wurde.

Körperliches Wohlbefinden der Mädchen ist und bleibt eine Voraussetzung für das Gelingen der pädagogischen Förderung. Zu den Aufgaben der Fachkräfte gehört es deshalb, mit Störungen der Atemregulation und epileptischen Anfällen kompetent umzugehen, sich an medizinische Verordnungen (z. B. zur Zusammenstellung der Ernährung, zur Vorbeugung von gastro-intestinalen Problemen) zu halten und orthopädische Hilfsmittel (z. b. eine angepasste Sitzschale, einen Rollstuhl oder Hilfen zur Vorbeugung einer Skoliose) einzusetzen. Das Stehen und Laufen muss stetig angeregt werden, es braucht jedoch besondere Aufsicht, um Mädchen mit Rett-Syndrom vor Verletzungen durch Unfälle zu schützen. Die Möglichkeit, Handstereotypien in Lernsituationen durch das Anlegen von Hand- oder Ellbogenschienen zu unterbrechen, muss den Fachkräften bekannt sein und von ihnen berücksichtigt werden.

Der besonderen Empfindlichkeit von Mädchen mit Rett-Syndrom für Veränderungen im Tagesablauf und Anforderungen, mit denen sie nicht vertraut sind, lässt sich in gewissem Maße durch Routinen und Rituale im Tagesablauf und eine visuelle Veranschaulichung der Tagesstruktur begegnen. Routinen und Rituale im Tagesablauf, die die Zeit strukturieren und es ihm erleichtern, Anforderungen und Übergänge zu antizipieren, eine Strukturierung der Lernumgebung, die die Orientierung im Raum erleichtert, sowie eine stetige Ermutigung und Bestätigung für seine Bemühungen geben einem Mädchen mit Rett-Syndrom emotionale Sicherheit in der Gruppe. Häufige Wiederholungen von Übungsdurchgängen und eine Anpassung an verlangsamte Reaktionszeiten sind Voraussetzungen für den Kompetenzerwerb. Diese Prinzipien gelten für Mädchen mit Rett-Syndrom ebenso wie für viele andere Kinder mit intellektueller Behinderung oder autistischen Störungen.

Emotionale Belastungen im Schulalltag müssen erkannt, ihre Zusammenhänge im Gruppengeschehen möglichst identifiziert werden. Stress kann sich an Vermeiden des Blickkontakts zu den Lehr- oder Assistenzkräften, einer Intensivierung der Handstereotypien, Abwendungen des Körpers oder unruhigen Vokalisationen zeigen. Eine regelmäßige Protokollierung der Situationen, in denen solche Belastungszeichen auftreten, hilft bei der Einschätzung, welche Aspekte der Situation das Kind in Unruhe versetzen, und gibt Hinweise, wie die Belastung möglicherweise vermieden werden kann.

Förderung des Schriftspracherwerbs

Die deutlichste Veränderung der pädagogischen Perspektiven besteht in der Anerkennung, dass das kognitive Potenzial von Mädchen mit Rett-Syndrom auch den Erwerb von Lese- und Schreibfähigkeiten möglich macht. Der Weg zu diesem Ziel ist – wie bei anderen Kindern, die auf alternative Kommunikationsformen angewiesen sind – weit und erfordert eine intensive, systematische Instruktion der Kinder sowie eine Anpassung des methodischen Vorgehens an die besondere Situation, dass sie Laute, Laut-Verbindungen und Graphem-Phonem-Zuordnungen im Verlaufe des Dekodierens von Wörtern nicht laut aussprechen können.

Dieckmann (2010) berichtet über ihre Überlegungen zur Förderung des Schriftspracherwerbs ihrer Tochter und macht eine Reihe von anschaulichen Vorschlägen, wie ein Mädchen mit Rett-Syndrom an Buchstaben und Wörter herangeführt werden, die Fähigkeiten zur phonematischen Differenzierung und Lautsynthese erwerben und schließlich fremde Wörter zu dekodieren lernen kann. Der Artikel wurde in der Zeitschrift der Eltern-Selbsthilfegruppe (RETTland 24) veröffentlicht unter dem Titel »Liest du schon oder snoozelst Du noch?« und ist im Internet zugänglich (https://www.rett-bayern.de/f%C3%B6rderungen/unterst%C3%BCtzte-kommunikation/schriftspracherwerb/).

Hallbauer (2014) beschreibt Vorstufen des Schriftspracherwerbs bei Kindern mit fehlender Lautsprache und präsentiert auf der bereits zitierten Internet-Plattform »uk-couch.de« einen Überblick über Lese- und Schreibangebote für unterstützt Kommunizierende (Hallbauer, 2022). Die Präsentation enthält anschauliche Informationen zu Voraussetzungen des Leselernprozesses, Kompetenzen für Sinn-entnehmendes Lesen sowie Inhalten und Strategien für die Aneignung des Alphabets und des dialogischen Lesen unter Einbeziehung von Symboltafeln und elektronischen Kommunikationsgeräten. Für die Förderung phonologischer Kompetenzen (z. B. zum Erkennen von Anlauten), der Graphem-Phonem-Zuordnung, des Erfassens der Silbenstruktur von Worten und andere Lernziele werden vielfältige Materialien demonstriert.

Der Lese-Lehrgang orientiert sich dabei an dem »Four-Blocks-Literacy Model«, das Erickson und Koppenhaver (2019) unter dem Titel »Comprehensive literacy for all: Teaching students with significant disabilities to read and write« veröffentlicht haben. Es wurde über viele Jahre hinweg für Kinder und Jugendliche mit komplexem Unterstützungsbedarf im Bereich der Kommunikation entwickelt. Dieses Modell betont die Bedeutung begleiteten Lesens vom frühen Kindesalter an sowie die Förderung der Motivation von Kindern, Lesestoff selbst zu wählen und eigene Texte zu schreiben, als wichtige Elemente beim Erwerb der Fähigkeit zum Lesen von Wörtern und Verstehen von Texten.

Alle Mädchen mit Rett-Syndrom brauchen danach frühe Erfahrungen mit Schrift (»emergent literacy«). Sie können über das Vorlesen von Bilderbüchern vermittelt werden (Bhattachary & Pradana, 2022). Benson-Goldberg und Erickson (2021) konnten z. B. an der Analyse der Blickbewegungen mit einem Eye-Tracking-Gerät bei einem Mädchen mit Rett-Syndrom zeigen, dass sich dabei seine visuelle Aufmerksamkeit während des Lesens zunehmend mehr auf die Schrift auf der Seite richtete.

Zum dialogischen Lesen von Bilderbüchern wird das Kommunikationssystem mit entsprechenden Symbolen zur Auswahl von Bilderbüchern und dem Randvokabular ausgestattet, das sich auf den Inhalt dieser Bilderbücher bezieht. Die Bilderbücher selbst werden mit »Lese-Stickern« zum dialogischen Vorlesen versehen. Damit kann das Kind schon früh lernen:

- ein bestimmtes Bilderbuch auszuwählen,
- die Bilder in einem Bilderbuch zu betrachten,
- Figuren und ihre Handlungen in der Geschichte zu beschreiben,
- Kommentare zu den Abbildungen abzugeben und
- selbst Fragen zu den Abbildungen und zur Handlung zu stellen.

Die Entwicklung einer phonologischen Bewusstheit als Vorläuferkompetenz für das Lesen stellt für alle Kinder, die auf Alternativen zur Lautsprache angewiesen sind, eine besondere Herausforderung dar, weil sie die Worte nicht selbst artikulieren können. Um eine Sensibilität für die Lautstruktur von Worten zu entwickeln, können z. B. Kinderverse und Reimwörter in das Angebot des Sprachcomputers integriert werden, sodass das Kind sie wiederholt abhören bzw. unter verschiedenen Alternativen das passende Wort (mit Blicksteuerung oder einem anderen, ihm möglichen Weg zur Steuerung) auswählen kann.

Der zentrale Lernschritt beim Erfassen der Lautstruktur und der Dekodierung von geschriebenen Wörtern ist, die Strategie des »subvokalen Rehearsals« (»im Kopf mitsprechen«) einzuüben. Mit intensivem »Modeling« durch die Bezugsperson, direkter Instruktion und schrittweisem Ausblenden von Hilfen kann diese Fähigkeit auch von Kindern erworben werden, die nicht über Lautsprache verfügen (Erickson & Koppenhaver, 2019; Light & McNaughton, 2020).

Die Fähigkeit zur Phonemsegmentierung kann z. B. angebahnt werden, indem die Lehrkraft ein Wort mit einer Ausdehnung jedes Phonems vorspricht und dabei auf die entsprechenden Buchstaben zeigt. Dann wird der Anfangslaut einzeln vorgesprochen, den das Kind dann »in seinem Kopf« nachsprechen und das entsprechende Symbol suchen soll. Das fällt leichter, wenn zunächst gut am Mundbild unterscheidbare Laute verwendet werden. Auf ähnliche Weise kann es lernen, Grapheme und Phoneme einander zuzuordnen und Anlaute, Inlaute und Auslaute zu erkennen.

Um schließlich eine fremdes Wort dekodieren zu können, muss ein Kind, das nicht über Lautsprache verfügt, lernen, auf die einzelnen Buchstaben des Wortes in ihrer Reihenfolge schauen, die dazu gehörenden Laute abzurufen und subvokal nachzusprechen, um sie dann zum vollständigen Wort miteinander zu verbinden und das entsprechende Symbol zu zeigen, das seiner Bedeutung entspricht (Bild-Wort-Verbindung).

In einer Übersichtsarbeit über 24 Studien zur Schriftspracherwerb bei Kindern mit komplexen Behinderungen berichteten Fabio et al. (2023) über die Ergebnisse einer Einschätzung der Kompetenzen von 113 Mädchen und Frauen mit Rett-Syndrom mit der »Global Assessment and Intervention in Rett Syndrome« (GAIRS; ▶ Kap. 5). Danach verfügten knapp 20 % von ihnen über Kenntnisse des Alphabets und die Fähigkeit zum Erfassen der Bedeutung von Worten. Die Autor:innen wiesen auf die Chancen hin, die sich aus der Verwendung von Kommunikationsgeräten mit Augensteuerung für die Lesefähigkeit von Mädchen mit Rett-Syndrom ergeben. Zwei Mütter von Mädchen mit Rett-Syndrom berichten:

»Wir haben einige große Lernkarten vorbereitet mit Bildern von Wörtern, die mit den Buchstaben des Alphabets beginnen. Sie sind groß, leicht zu erkennen und laminiert, daher langlebig. Neulich erzählten mir die Lehrer, dass sie begonnen hatten, Shanda zwei verschiedene Lernkarten mit Buchstaben zu zeigen, und sie hat alle sechsundzwanzig Buchstaben richtig identifizieren können!« (zit. nach Hunter, 2007, S. 348)

»Als Kind haben wir ihr einfach viel vorgelesen, und als sie dann in die Schule kam, haben wir die Lernfibel vorgelesen. Sie hat auch oft ferngesehen und dabei Wörter gleichzeitig geschrieben gesehen und ausgesprochen gehört.
Rebecca lernte lesen, ohne dass das gezielt mit ihr geübt worden wäre. Wir dachten nicht, dass sie es verstehen könnte. Deshalb war das eine große Überraschung. Sie verfügt über ein gutes Allgemeinwissen, hat aber seltsame Lücken – so wusste sie z. B. nicht, was Ampeln sind, aber von ihrem Sitz hinten im Auto hätte sie auch keine gute Sicht gehabt und natürlich konnte sie nicht fragen, warum wir angehalten und dann wieder losgefahren sind.« (zit. nach Hunter, 2007, S. 350)

Mädchen mit Rett-Syndrom können auch lernen, an ihrer Kommunikationstafel oder ihrem Kommunikationsgerät einzelne Wörter zu buchstabieren und die richtige oder inkorrekte Schreibweise von Wörtern zu erkennen. Videos, die von Familien anlässlich eines Kongresses in England zugänglich gemacht wurden, liefern eindrucksvolle Beispiele für Texte, die von Mädchen und Frauen mit Rett-Syndrom selbst geschrieben wurden (https://rett-uk.heysummit.com/).

Für das selbständige Schreiben von Wörtern bietet sich dabei die Technik des partner-unterstützten Scannings an. Dazu werden Kommunikationstafeln vorbereitet, auf denen jeweils vier oder fünf Grapheme sowie einzelne Wörter präsentiert werden, die häufig vorkommen. Diese Tafeln werden dem Kind nacheinander vorgelegt. Das Kind bestätigt (mit individuellen Zeichen für Ja oder Nein), wenn die Seite erreicht ist, die für das Wort, das es schreiben möchte, erforderlich ist und welches Graphem auf dieser Seite gebraucht wird. Das Vorgehen ist natürlich sehr zeitaufwendig. Einige Mädchen mit Rett-Syndrom können auf diese Weise mit intensiver Unterstützung und den erforderlichen zeitlichen Pausen aber lernen, einzelne Wörter zu schreiben, um etwas mitzuteilen.

8 Bewältigung der Herausforderungen in der Familie

Die Diagnose und die mit dem Rett-Syndrom verbundenen Symptome bringen vielfältige Herausforderungen für die Bewältigung des Alltags durch die Eltern und für ihre körperliche und psychische Stabilität mit sich. Einige Eltern berichten:

»Als bei Katie die Diagnose gestellt wurde, dachte ich: ›Warum, Gott, tust du mir das an? Was für eine schreckliche Sache habe ich getan, um das zu verdienen?‹ Schließlich dämmerten mir die Worte anderer Eltern und mir wurde klar, dass ich nicht bestraft wurde. Gott hatte mich mein ganzes Leben lang auf Katie vorbereitet und ich bekam sie erst, als er dachte, ich sei bereit. Ich finde, dass Katie keine Familie hätte haben können, die besser gerüstet wäre, um ihr durchs Leben zu helfen.« (zit. nach Hunter, 2007, S. 62)

»Mein Mann hielt sich fern, wurde zum Workaholic und lenkte sich ab, damit sein Kopf nicht zersprang mit all den Fragen und dem Schmerz. Er erkannte, dass er nun die volle finanzielle Last tragen musste.« (zit. nach Hunter, 2007, S. 86)

»Auch wenn ich versuche, das zu ignorieren, was ich nicht beeinflussen kann, und mich auf die positiven Aspekte des Alltags zu konzentrieren, glaube ich daran: Wir müssen von Zeit zu Zeit ausdrücken, was wir fühlen, um … damit klarzukommen. Wir müssen auch mal wütend sein … Aber um gesund und glücklich zu bleiben, müssen wir uns dann beruhigen und das Rett-Syndrom als das akzeptieren, was es ist.« (zit. nach Hunter, 2007, S. 90)

Einschätzung der Belastung von Eltern

Einige Arbeitsgruppen haben das Belastungserleben der Eltern genauer untersucht. Dazu baten sie die Eltern, standardisierte Fragebögen auszufüllen, oder führten mit ihnen Interviews durch. Ein standardisierter Fragebogen, der in vielen Studien zum Belastungserleben von Eltern von Kindern mit Behinderungen verwendet wird, ist der »Parenting Stress Index« (in der deutschen Version als »Eltern-Belastungs-Inventar«, EBI, durch Tröster, 2011, publiziert). Dieser Fragebogen erlaubt eine Einschätzung der erlebten Belastung im Vergleich zu Eltern von Kindern, bei denen keine Behinderung vorliegt, und die Identifikation von Eltern, bei denen gezielte Hilfen für die Bewältigung einer besonders hohen Belastung angezeigt sind.

Dieser Fragebogen wurde in einer Studie in Kanada bei 29 Eltern von Mädchen mit Rett-Syndrom (im Alter zwischen zwei und 19 Jahren) eingesetzt (Perry et al., 1993), Byiers et al. (2014) befragten 54 Eltern in den USA mit dem gleichen Fragebogen, Pari et al. (2019) in Italien 79 Eltern von Mädchen mit Rett-Syndrom. In allen drei Studien ergaben sich überdurchschnittlich hohe Belastungswerte bei etwa 45 % der Mütter; der Anteil der hoch belasteten Väter war kaum niedriger. Diese Ergebnisse unterstreichen die hohe Belastung von Eltern in Familien, in denen ein Mädchen mit Rett-Syndrom aufwächst. Sie zeigen aber gleichzeitig, dass es offenbar vielen Eltern doch gelingt, sich so an die besonderen Aufgaben anzupassen, dass sie sich – zum Zeitpunkt der jeweiligen Befragung – selbst nicht als hoch belastet einschätzen.

Die Ausprägung der Belastung korreliert mit dem Schweregrad gesundheitlicher Probleme der Mädchen, z. B. der Ausprägung einer Epilepsie oder häufigen Anzeichen für Schmerzen bei den Kindern. Individuelle Unterschiede im Unterstützungsbedarf der Kinder im Alltag und in den Einschränkungen ihrer adaptiven Kompetenzen erwiesen sich jedoch nicht als wesentliche Einflussfaktoren auf die erlebte Belastung, wenn diese gesundheitlichen Faktoren kontrolliert wurden (Laurvick et al., 2006b; Byiers et al., 2014b).

Ein weiterer Fragebogen, der in vielen Studien zur Einschätzung der Belastung von Eltern behinderter Kinder eingesetzt wird, ist der »Questionnaire on Resources and Stress« (QRS). Cianfaglione et al. (2015b) kombinierten diesen Fragebogen mit einem Fragebogen, der die Ausprägung ängstlicher und depressiver Symptome bei den Müttern misst, und dem »Rett Syndrome Behavior Questionnaire« (RSBQ) zur Einschätzung des Schweregrads der Symptome der Töchter. 87 Mütter von Mädchen mit Rett-Syndrom (mit klassischer oder atypischer Form) wurden in die Studie einbezogen. 16 Monate später konnten 50 Mütter dieser Stichprobe erneut befragt werden (Cianfaglione et al., 2017).

24 % der Mütter äußerten – sowohl bei der ersten Befragung als auch bei der Nachuntersuchung – ein überdurchschnittliches Maß an ängstlichen Symptomen, 5.7 % überdurchschnittlich ausgeprägte depressive Symptome. Auch diese Zahlen weisen auf ein erhöhtes Risiko für die Ausbildung psychischer Belastungssymptome bei Müttern von Mädchen mit Rett-Syndrom hin, zeigen aber andererseits, dass dies nur für einen Teil der Mütter gilt. Eine stärkere Ausprägung der Verhaltensmerkmale von Mädchen mit Rett-Syndrom (u. a. die Ausprägung der Stereotypien und der Störungen der Atemregulation) war in dieser Studie mit einer höheren Belastung der Mütter und einer stärkeren Ausprägung von ängstlichen Symptomen assoziiert. Dieser Faktor erklärte in einer Regressionsanalyse – ein statistisches Verfahren, bei dem der Einfluss verschiedener Faktoren auf die erlebte Belastung unterschieden werden kann – jedoch nur einen kleinen Teil der individuellen Varianz in den Belastungswerten.

Die Autor:innen baten die Mütter zusätzlich, in einem Screening-Fragebogen die psychische Stabilität der Geschwister der Mädchen einzuschätzen. Es fanden sich keine Hinweise auf ein erhöhtes Maß an Verhaltensauffälligkeiten oder psychischen Problemen bei den Geschwistern, d. h., ihnen schien eine befriedigende Anpassung an die besondere Familiensituation gelungen zu sein.

Mori et al. (2019) befragten 241 Eltern in Australien über einen Zeitraum von neun Jahren mehrfach mit einem kurzen Fragebogen zu ihren körperlichen und emotionalen Belastungen. Sie veränderten sich im Befragungszeitraum kaum. Die körperliche und psychische Stabilität der Eltern korrelierte mit der Ausprägung von Verhaltensproblemen der Mädchen (Stimmungsschwankungen und Ängste, Ess- und Schlafprobleme). Bei alleinerziehenden Elternteilen und Eltern mit niedrigem Einkommen nahm die erlebte Belastung im genannten Zeitraum zu. Offenbar spielen die sozialen Unterstützungsressourcen, über die Eltern verfügen, eine wichtige Rolle bei der Anpassung an die besonderen Aufgaben im Alltag. Dies entspricht der Erfahrung aus vielen Studien, die die Ressourcen für psychische Stabilität bei Eltern von Kindern mit unterschiedlichen Behinderungsformen untersuchten (Sarimski, 2021).

Der Übergang ins Erwachsenenalter scheint überdies für Eltern nochmals mit besonderen Herausforderungen verbunden zu sein. Bei den Eltern, deren Töchter zum ersten Befragungszeitpunkt bereits im Jugendalter waren und bei denen innerhalb der neun Jahre, über die sich die Studie erstreckte, dieser Übergang in das Erwachsenenalter anstand, zeigte sich in den Antworten auf die Fragebögen ebenfalls eine Zunahme der erlebten Belastung.

In vielen Familien, in denen Kinder mit Behinderungen aufwachsen, variiert die erlebte Belastung zudem mit der grundsätzlichen Selbsteinschätzung der Mütter, mit den spezifischen Herausforderungen zurechtzukommen, der Qualität der partnerschaftlichen Beziehung und den individuellen Bewältigungsstrategien im Umgang mit Schwierigkeiten (Sarimski, 2021). Lamb et al. (2016) gingen bei 400 Eltern der Frage nach, ob dies auch für Eltern von Mädchen mit Rett-Syndrom zutrifft. Erwartungsgemäß erwiesen sich die Mütter, die sich in der Alltagsbewältigung auf die Unterstützung durch ihren Partner oder ein tragfähiges soziales Netz stützen konnten, als weniger belastet. Die Zuversicht der Mütter in ihre eigenen Kompetenzen und eine problem-orientierte Bewältigungsstrategie, bei denen jeweils nach Lösungen für im Alltag auftretende Probleme gesucht wurde, erklärten – wiederum in einer Regressionsanalyse – mehr als 30 % der individuellen Varianz im Belastungserleben.

Die erlebten Belastungen spiegelt sich auch in ausführlichen Interviews wider, die mit Eltern von Mädchen mit Rett-Syndrom geführt wurden. Palacios-Cena et al. (2019) führten in Spanien solche Interviews mit 31 Eltern durch. Die Eltern beschrieben ihren Alltag als »Hindernisrennen« und nannten drei Themen, die sie besonders belasteten:

- Suche nach Antworten in der Zeit der ersten Symptome und bei der Suche nach einer Diagnose,
- Bewältigung der alltäglichen Anforderungen in der Betreuung und in der Durchführung von Behandlungsmaßnahmen (Umgang mit Ess-

und Schlafproblemen, orthopädische Probleme, Anbahnung von Möglichkeiten der Kommunikation),
- finanzielle Belastungen.

> Viele, aber nicht alle Mütter und Väter von Mädchen mit Rett-Syndrom erleben sich im Alltag und hinsichtlich ihrer psychischen Stabilität als hoch belastet – ähnlich wie Eltern von Kindern mit anderen schweren Behinderungen. Es zeigt sich ein Zusammenhang mit den gesundheitlichen Problemen und der Ausprägung von Syndrom-spezifischen Verhaltensmerkmalen der Mädchen. Die wechselseitige partnerschaftliche Unterstützung, ein tragfähiges soziales Netz sowie individuelle Bewältigungsressourcen der Eltern (Zutrauen in ihre eigenen Kompetenzen und aktive Suche nach Lösungen für Probleme) können zu einem besseren Gelingen der Anpassung an die besonderen Herausforderungen beitragen, die mit dem Rett-Syndrom verbunden sind. Hier kann die psychologische Begleitung der Familien ansetzen und ihre Bewältigungskräfte stärken.

Erfahrungen in der deutschen Eltern-Selbsthilfegruppe

Zwei Studien, die in Deutschland in Zusammenarbeit mit der Eltern-Selbsthilfegruppe »Rett-Syndrom Deutschland e.V.« durchgeführt wurden, ergänzen dieses Bild.

In einer eigenen Befragung (Sarimski, 2003a) von 83 Müttern von Mädchen mit Rett-Syndrom verwendeten wir den Fragebogen »Handicaprelated Problems for Parents Inventory« (HPPI). Es handelt sich um eine 17 Items umfassende Skala zur Beurteilung verschiedener Aspekte der psychosozialen Belastung durch Eltern körperbehinderter Kinder. Die Items beziehen sich auf Belastungen der Interaktion zwischen Mutter und Kind sowie des Kindes zu anderen, Alltagsbelastungen in der Pflege und Betreuung und Belastungen, die aus körperlichen Problemen des Kindes resultieren. Die Tabelle 8 zeigt, welche Aspekte von den Müttern als Problem erlebt wurden. Dabei wird unterschieden, ob die Probleme mindestens einmal wöchentlich oder täglich auftreten.

Tab. 8: Psychosoziale Belastungen von Müttern von Mädchen mit Rett-Syndrom (Handicap-Related Problems for Parents Inventory; in %; Sarimski, 2003a)

	> 1mal/ Woche	Täglich
Essen, Anziehen und Pflege	68.7	43.4
Zeit für persönliche Interessen	60.2	14.5
Zeit für Arbeit, Ausbildung, Hausarbeit	55.4	24.1
Beschäftigung und Spaß meines Kindes	47.0	20.5
Gesundheit meines Kindes	42.2	12.0
Transport meines Kindes	41.0	25.3
Verhalten meines Kindes	38.6	12.0
Förderung meines Kindes	33.7	18.1
Beziehung des Kindes zu Anderen	24.1	12.0
Beziehung des Kindes zur Familie	30.1	12.0
Gesundheitsfürsorge und Therapie	32.5	10.8
Finanzen	22.9	9.6
Meine Beziehung zum Kind	21.7	9.6
Meine Beziehung zu meinem Partner	28.9	8.4
Meine Beziehung zu anderen Familienmitgliedern	32.5	8.4
Meine Beziehung zu Freunden	27.7	3.6

Für viele Mütter standen danach die Probleme der täglichen Versorgung des Kindes im Vordergrund (Essen, Anziehen, Körperpflege). Als zweiter

Aspekt wurde die fehlende Zeit für eigene Berufstätigkeit oder eigene Interessen genannt. Anregung des Kindes, Förderung seiner Fähigkeiten und Umgang mit problematischen Verhaltensweisen bzw. die Bewältigung gesundheitlicher Probleme stellten für die Hälfte der Mütter Probleme dar, die regelmäßig (mindestens einmal pro Woche) belastend sind. Die Beziehung zum Kind und seine Beziehung zu den übrigen Familienmitgliedern, Freund:innen und anderen wurde nur von 20–30% der Mütter als problematisch geschildert. Wichtig ist festzuhalten, dass 16 Mütter (19.3%) angaben, keinen der angesprochenen Bereiche als regelmäßig (mindestens einmal im Monat) belastend zu erleben.

Die von den Eltern berichtete Belastung unterschied sich nicht je nach Alter des Kindes oder klassischer bzw. atypischer Form des Rett-Syndroms. Wohl aber fanden sich Unterschiede zwischen hoher und niedriger elterlicher Belastung (die Gruppen wurden nach dem Median der Gesamtgruppe aufgeteilt) in Abhängigkeit von der Ausprägung einzelner Besonderheiten des Verhaltens und emotionalen Ausdrucks (▶ Abb. 11).

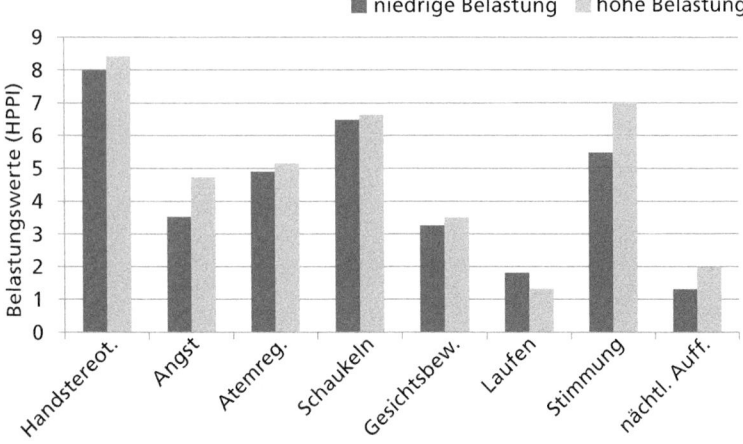

Abb. 11: Zusammenhang zwischen Verhaltensmerkmalen (RSBQ) und Grad der mütterlichen Belastung (HPPI) bei 83 Mädchen mit Rett-Syndrom (Sarimski, 2003a)

Eine höhere psychosoziale Belastung wird von den Müttern angegeben, deren Töchter mehr Stimmungsschwankungen, mehr ängstliche Verhaltensweisen und mehr problematische nächtliche Verhaltensweisen zeigen. In der Gesamtgruppe korreliert die psychosoziale Belastung mit dem Gesamtwert des »Rett Syndrome Behaviour Questionnaires«.

Darüber hinaus erhoben wir qualitative Aspekte der Belastung, indem wir nach den Erinnerungen an die Diagnosemitteilung, Erfahrungen mit Verwandten, Bekannten und anderen Kindern, gegenwärtigen Problemen und Sorgen sowie den Wünschen an die Fachleute fragten (Sarimski, 2003b). Die Antworten der Eltern zeigten: Die Mitteilung der Diagnose einer so schweren Entwicklungsstörung, die nur sehr begrenzt durch therapeutische Hilfen beeinflussbar ist, stellt extreme Anforderungen an die elterlichen Bewältigungskräfte. Einige Beispiele von Äußerungen der Eltern aus dieser Studie:

»Extreme seelische Belastung, Depression, Hilflosigkeit, tiefe Trauer, wie gelähmt vor Schmerz, als ob ich ein Kind durch Tod verloren hätte. Zu all dem ständige Rechtfertigungen und Erklärungsversuche gegenüber Freunden und Verwandten, die alles besser wussten, verdrängten, ignorierten. Schuldsuche, Suizidgedanken. Dann Einzeltherapie – ohne den Partner, der es vorzog, die Sache alleine zu verarbeiten. Ablehnen meiner Tochter, Partnerprobleme. Nach etwa neun Monaten erste Schritte zur Akzeptanz und der Wille zu kämpfen ... Rückblickend die schlimmste Zeit meines Lebens.« (zit. nach Sarimski, 2003b, S. 103)

»Es war ein Schock! Ich weiß nicht, wie ich diesen Tag, an dem wir die Diagnose erhalten haben, verbrachte habe, ich wollte niemanden sehen, habe nur geweint. Das schöne Leben, das man sich vorgestellt hat, war zu Ende. In den nächsten Tagen wäre ich am liebsten zu jeder denkbaren Therapie gegangen, in der Hoffnung irgendwas ›heilt‹ das Rett-Syndrom. Zwischenzeitlich hat sich das Leben damit ›eingespielt‹ ...« (ebd., S. 103)

»Bei den Ärzten stand das Stellen einer Diagnose völlig im Vordergrund, Ideen, Vermutungen wurden genannt, ohne einen Gedanken daran, wie es uns Eltern damit gehen könnte, ohne jegliche Wertschätzung für das

> Kind. Das Kind als Objekt der Erforschung ... Psychosoziale Begleitung fehlte völlig. Komplett neuer Lebensentwurf für beide Partner – Schock, Lähmung, wieso trifft uns so etwas? Einsamkeit, Ausgegrenztheit – alle anderen haben ›normale‹, gesunde Kinder ...« (ebd., S. 104)

> »Der Arzt hat sich sehr einfühlsam verhalten. Gab mir aber aufgrund von Unkenntnis falsche Angaben zur Erkrankung, wie sich nachher herausstellte. Die Diagnose ... lief wie im Film ab, bis heute weiß ich nicht genau, wie ich von der Klinik nach Hause gekommen bin. Eine psychologische Hilfe hätte mich direkt nach der Diagnose in Empfang nehmen müssen. ...Aber dass die extrem belastende Ungewissheit mit der Diagnose zu Ende war, das haben mein Mann ich ›sehr positiv‹ empfunden.« (ebd., S. 104)

Von Anfang an belastend ist die Sorge um die zukünftige Betreuung des Mädchens, wenn die Eltern die Grenzen ihrer Kräfte erreichen werden, sowie die Befürchtung um eine Verschlechterung der körperlichen Situation durch eine zunehmende Skoliose oder schwer behandelbare Epilepsie. Die negative oder unsichere Entwicklungsperspektive wird besonders von den Eltern jüngerer Kinder beklagt. Eigene körperliche Erschöpfung und häufige Auseinandersetzungen mit den Kostenträgern über Hilfsmittel und therapeutische Maßnahmen werden vor allem von den Eltern der Jugendlichen genannt. Einige Beispiele:

> »Meine Hilflosigkeit, wenn meine Tochter mir ihre Wünsche oder Schmerzen nicht klarmachen kann und sich dann frustriert beißt oder schreit. Ob ich noch lange physisch und psychisch in der Lage bin, sie zu pflegen? Was wird später einmal mit ihr?« (ebd., S. 104)

> »Die Gewissheit, dass meine Tochter niemals für sich selbst sorgen kann und immer auf andere angewiesen sein wird, macht mir Angst. Der Gedanke, meiner lieben, hilflosen Tochter könnte es mal an was fehlen oder es könnte ihr mal nicht gut gehen, weil wir uns nicht mehr kümmern können, ist mir unerträglich.« (ebd., S. 104)

»L. ist gern mit anderen Kindern zusammen, freut sich, schaut zu. Andere Eltern meiden uns, weil ihre Kinder nicht mit L. spielen können und immer einer von uns mit L. befasst ist. Unser Bekannten- und Freundeskreis ist kleiner geworden, man kann mit uns nur sehr begrenzt etwas unternehmen.« (ebd., S. 105)

»Schade, dass die Erwachsenen keine Kinder sind! Kinder kommen total gern zu uns. Sie kochen, tanzen, lachen und spielen mit L., obwohl L. absolut gar nichts kann. Bekannte haben oft Mitleid oder Ängste, ziehen sich allerdings kaum zurück, weil wir L. überall hin mitnehmen. Durch meine Eltern haben wir eine unglaubliche Entlastung.« (ebd., S. 105)

Die Arbeitsgruppe um Retzlaff (2007, Retzlaff et al., 2006; Müller et al., 2007) ging – ebenfalls in Zusammenarbeit mit der deutschen Selbsthilfegruppe – der Frage nach, wie die Eltern von Mädchen mit Rett-Syndrom versuchen, die besonderen Belastungen zu bewältigen. Auch sie stellten fest, dass es vielen Eltern gelang, persönliche und soziale Ressourcen zu mobilisieren und sich den Herausforderungen gewachsen zu zeigen. Es fanden sich dabei kaum Unterschiede zwischen Müttern und Vätern.

Die Autor:innen verwendeten in ihren Studien einen Fragebogen zum Kohärenz-Erleben (Fragebogen zum Familiären Zusammenleben; FSOC-Skala; Antonovsky & Sourani, 1988), der sich am Modell der Salutogenese von Antonovsky und der Resilienztheorie zur Anpassung an chronische Erkrankungen eines Familienmitglieds orientiert. Außerdem wurden eine Belastungsskala aus dem Fragebogen »Soziale Orientierung von Eltern behinderter Kinder« (SOEBEK; Krause & Petermann, 1997) sowie ein Fragebogen zu Familienfunktionen (z. B. zur Aufgabenerfüllung, Kommunikation, affektiven Beziehungsaufnahme) eingesetzt. Befragt wurden 51 Mütter und Väter.

Die Autor:innen ergänzten diese schriftliche Befragung durch qualitativ ausgewertete Interviews. In diesen Interviews nannten die Familien als Belastungsaspekte vor allem:

- emotionale Probleme in der Auseinandersetzung mit der Diagnose,
- gesundheitliche Probleme der Kinder (z. B. Anfälle oder anhaltende Schreiphasen),

- Unsicherheiten im Hinblick auf den weiteren Verlauf,
- Erfahrungen der Zurückweisung in der sozialen Umgebung und
- das Fehlen kompetenter Fachkräfte zur Begleitung.

Die Familien wurden je nach den Ergebnissen des Kohärenz-Fragebogens in zwei Gruppen aufteilt: Familien mit hoher Kohärenz (FSOC > 75%) und Familien mit niedriger Kohärenz (FSOC < 25%). Die Verfügbarkeit und die Bereitschaft zur Nutzung von sozialer Unterstützung sowie die Qualität der inner-familiären Kommunikation erwiesen sich als günstige Prädiktoren für ein erhöhtes Kohärenzgefühl, d.h. der Einschätzung, dass die Bewältigung der Beeinträchtigungen ihrer Töchter sinnhaft, verstehbar und handhabbar ist. Die Familien mit hoher Familien-Kohärenz erlebten deutlich weniger Stress.

Auf der Basis dieser Erfahrungen veröffentlichte Retzlaff (2016[3]) – selbst Vater einer Tochter mit Rett-Syndrom – ein Buch. In diesem Buch geht es um die Lebenssituation von Familien, in denen ein Kind mit einer Behinderung aufwächst, und um eine ressourcenorientierte Beratung aus systemischer Sicht, wie Familienmuster und Einstellungen gestärkt werden können, die ein erfülltes Leben »trotz alledem« ermöglichen.

Psychologische Begleitung der Familien

Um die Herausforderungen zu meistern, die die Erziehung und Betreuung eines Kindes mit einer Behinderung mit sich bringen, sind vielfältige Anpassungen im familiären Alltag nötig (Sarimski, 2021; ▶ Abb. 12). Wie alle Eltern von Kindern mit Behinderungen stehen Eltern von Mädchen mit Rett-Syndrom vor kognitiven, praktischen und emotionalen Herausforderungen. Sie müssen sich Informationen über die Behinderung ihres Kindes und seine Entwicklungsperspektiven verschaffen und sie verarbeiten, um sich ein Bild von der möglichen Zukunft zu verschaffen. Sie müssen sich mit dem System von medizinischer und pädagogischer Unterstützung für Kinder mit Behinderungen vertraut machen und sich einen

Überblick über die Hilfen verschaffen, die Kinderärzt:innen, Sozialpädiatrische Zentren, Frühförderstellen, Sonderpädagogische Förder- und Beratungszentren u. a. anbieten. Sie müssen sich mit den Voraussetzungen für die Beantragung von sozialrechtlichen Hilfen (Pflegegeld, Erstattung von Kosten der Hilfsmittelversorgung u. a.) und von Assistenzleistungen auseinandersetzen.

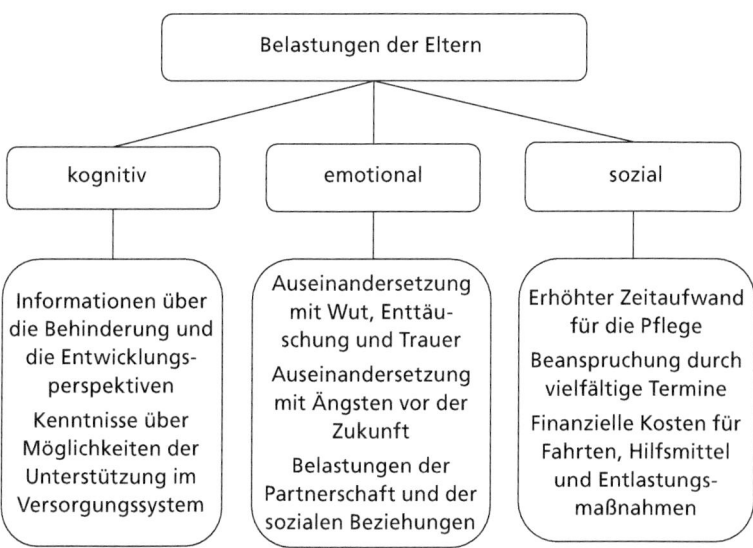

Abb. 12: Belastungen von Eltern von Kindern mit intellektueller Behinderung

Neben diesen kognitiven Anforderungen geht es um die emotionale Auseinandersetzung mit der Realität der Behinderung. Enttäuschung, Trauer, Angst vor der Zukunft, Wut auf das Schicksal oder Gefühle der Ohnmacht und Depression gehören nicht nur zu den ersten Reaktionen auf die Mitteilung der Diagnose, sondern können auch im weiteren Verlauf immer wieder wachgerufen werden. Emotionale Nähe und wechselseitige Unterstützung in der Partnerschaft sind durch diese Gefühle, die jede:r der beiden Partner:innen – oft zu unterschiedlichen Zeitpunkten – erlebt, gefährdet und müssen neu gesichert werden. Soziale Beziehungen zu den eigenen Eltern, der näheren Verwandtschaft und dem Freundeskreis können belastet werden, wenn es an Verständnis für die besonderen Bedürfnisse des Kindes fehlt, die den Alltag der Familie bestimmen – oder schlicht an der Zeit für die Pflege der Beziehungen.

Mangel an Zeit – das beklagen die meisten Eltern. Es ist die Fülle der praktischen Anforderungen, die die Kräfte in hohem Maße beanspruchen. Hinzu kommen z. B. Termine zur Vorstellung bei Kinderärzt:innen, Sozialpädiatrischen Zentrum oder in der Frühförderstelle, regelmäßige Behandlungen bei (Physio-, Sprach- oder Ergo-)Therapeut:innen, evtl. die Beantragung und Anpassung von Hilfsmitteln. Es entstehen zusätzliche Kosten für die Fahrt zu den Einrichtungen, Kosten für Hilfsmittel, die nicht vollständig erstattet werden, und für die Finanzierung von Entlastungen, die einen gewissen zeitlichen Freiraum zur Mobilisierung der eigenen Kräfte ermöglichen sollen.

Eine psychologische Begleitung der Familien muss die Nachwirkungen der Diagnosemitteilung, das Erleben der gegenwärtigen Beziehung zum Kind, Belastungen durch die Pflege und Betreuung, Förderung oder Verhaltensauffälligkeiten des Kindes, Sorgen um seine zukünftige Entwicklung, finanzielle Belastungen sowie Auswirkungen auf die eigenen Lebensperspektiven und die familiären Beziehungen thematisieren (Retzlaff, 2016[3]; Sarimski, 2021). In den familienorientierten Beratungsgesprächen gilt es, die Reflexion der Eltern über die Auswirkungen der Diagnose, ihre Beziehung zu ihrem Kind sowie die Wahrnehmung von individuellen und sozialen Bewältigungsressourcen zu stärken.

Erstes Ziel des Beratungsgesprächs ist es, die Eltern zu ermutigen, über die belastenden Gefühle zu sprechen und Zugang zu ihren persönlichen Bewältigungskräften zu finden. Es ist manchmal auch der Raum, in dem sich die Partner:innen erstmals gegenseitig ihre Angst und Verzweiflung mitteilen können, während sie im Kontakt miteinander ansonsten vermeiden, so intensive Gefühle zu zeigen, um den bzw. die andere:n zu schonen. Die gemeinsame Sorge auszusprechen, kann die Verbindung stärken. Blockierende Zukunftsphantasien (»ich muss mich von jetzt an für mein Kind opfern«) oder Selbstüberforderungen (»die Entwicklung des Kindes hängt allein davon ab, ob ich es genügend fördere«, »ich muss eine Super-Mami werden«) müssen aufgelöst werden.

Ein weiteres Ziel ist die Mobilisierung sozialer Unterstützung. Gerade wenn die Eltern sich nach der Diagnosemitteilung zurückgezogen haben, können Beziehungen zu Verwandten oder Freund:innen sehr wertvoll sein. Es geht darum, die Eltern zu ermutigen, mit denjenigen, denen sie besonders nahestehen, offen über ihre Trauer und ihre Sorgen zu sprechen. Sich jemandem mit diesen Gefühlen anzuvertrauen, ist ein Wagnis. Manchmal werden die Eltern enttäuscht sein, dass sie beschwichtigt oder gemieden werden; oft werden sie aber erleben, dass Beziehungen fester zusammenwachsen in solchen Zeiten emotionaler Krise. Freund:innen und Verwandte können aber nur dann hilfreich sein, wenn sie offen informiert werden und spüren, dass ihre Unterstützung willkommen ist.

Eine psychologische Begleitung der Familien, in denen ein Mädchen mit Rett-Syndrom aufwächst, gehört zu den Aufgaben der interdisziplinären Frühförderstellen, der Sozialpädiatrischen Zentren oder der Einrichtungen der Kinder- und Jugendpsychiatrie. In unserer eigenen Befragung (Sarimski, 2003b) äußerten Eltern Wünsche und Erwartungen an die dort tätigen Fachkräfte, die sich bis heute wohl kaum verändert haben: Dabei wird das Bedürfnis nach mehr Verständnis für die Familiensituation deutlich, nach Anerkennung der elterlichen Kompetenz und Würdigung des Kindes in seiner ganzen Persönlichkeit – und die Enttäuschung über mitunter unzureichende fachliche Kompetenz in der ärztlichen (und sicher auch psychosozialen) Betreuung. Einige Wünsche der Eltern:

»Für Ärzte ist die Diagnose gleichzeitig das Ende ihrer Arbeit. Für uns Eltern ist es der Anfang eines Weges, den wir nicht gewählt haben. Ein Arzt sollte bei seiner Arbeit auch soziale Kompetenz zeigen.« (zit. n. Sarimski, 2003b, S. 105)

»Sparen solcher Sprüche wie ›wo nichts ist, kommt auch nichts‹. Stimmt auch nicht, siehe zunehmende soziale Kompetenz und Aufnahmebereitschaft meines Rett-Syndrom-Kindes. Völlig unzureichende Zusammenarbeit von Medizinern und Pädagogen in der Praxis (Mediziner wurschteln vor sich hin, Lehrer und Psychologen ebenfalls). Wenig gezielte Weiterbildung, z. B. in Kommunikationshilfen für Rett-Kinder. Musiktherapie wird von den Krankenkassen gar nicht anerkannt – dafür müssten sich die Fachleute einsetzen.« (ebd., S. 106)

»Offenheit und Eingestehen eigener Kompetenzgrenzen und die Achtung der spezifischen Kompetenz der Eltern. Keine ›Konkurrenz‹, keine

Ratschläge, kein Urteilen und Einmischen in die Familiensituation, ohne gefragt zu sein.« (ebd., S. 106)

Literatur

Ahonniska-Assa, J., Polack, R., Saraf, E. et al. (2018). Assessing cognitive functioning in females with Rett syndrome by eye-tracking methodology. *European Journal of Paediatric Neurology, 22*, 39–45.

Ainsworth, M., Evmenova, A., Behrmann, M. & Jerome, M. (2016). Teaching phonics to groups of middle school students with autism, intellectual disabilities and complex communication needs. *Research in Developmental Disabilities, 56*, 165–176.

Amir, R., van den Veyver, I., Wan, M. et al. (1999). Rett syndrome is caused by mutations in X-linked MECP2, encoding methyl-CpG-binding protein 2. *Nature Genetics, 23*, 185–188.

Amoako, A. & Hare, D. (2020). Non-medical interventions for individuals with Rett syndrome: a systematic review. *Journal of Applied Research in Intellectual Disabilities, 33*, 808–827.

Antonovsky, A. & Sourani, T. (1988). Family sense of coherence and family adaptation. *Journal of Marriage and the Family, 50*, 79–92.

Azrin, N. H. & Foxx, R. M. (1971). A rapid method of toilet training the institutionalized retarded. *Journal of Applied Behavior Analysis, 4*, 89–99.

Baptista, P., Mercadante, M., Macedo, E. & Schwartzman, J. (2006). Cognitive performance in Rett syndrome girls: a pilot study using eyetracking technology. *Journal of Intellectual Disability Research, 50*, 662–666.

Barney, C., Feyma, T., Beisang, A. & Symons, F. (2015). Pain experience and expression in Rett syndrome: Subjective and objective measurement approaches. *Journal of Developmental and Physical Disabilities, 27*, 417–429.

Bartolotta, T., Zipp, G., Simpkins, S. & Glazewski, B. (2011). Communication skills in girls with Rett syndrome. *Focus on Autism and Other Developmental Disabilities, 26*, 15–24.

Benson-Goldberg, S. & Erickson, K. (2021). Eye-trackers, digital-libraries, and print-referencing: A single case study in CDKL5. *Research in Developmental Disabilities, 112*, 33626486.

Bhattacharya, U. & Pradana, W. (2022). Exploring literacy engagement in a significant disability context. *Journal of Early Childhood Literacy*, 1–27. DOI: 10.1177/14687984221100129.

Beukelman, D. & Light, J. (2020). *Augmentative and Alternative Communication. Supporting Children and Adults with Complex Communication Needs.* Brookes, Baltimore.

Boenisch, J. & Sachse, S. (2020). *Kompendium Unterstützte Kommunikation.* Kohlhammer, Stuttgart.

Braun, U., Koch-Buchtmann, A. & Westphal, M. (2014). *Augenblicke. Unterstützte Kommunikation und Rett-Syndrom.* Von Loeper, Karlsruhe.

Buchanan, C., Stallwoth, J., Joy, A. et al. (2022). Anxiety-like behavior and anxiolytic treatment in the Rett syndrome natural history study. *Journal of Neurodevelopmental Disorders, 14*, 31.

Bumin, G., Uyanik, M., Yilmaz, I., Kayihan, H. & Topcu, M. (2003). Hydrotherapy for Rett syndrome. *Journal of Rehabilitational Medicine, 35*, 44–45.

Byiers, B. & Symons, F. (2012). Issues in estimating developmental level and cognitive function in Rett syndrome. *International Review of Research in Development Disabilities, 43*, 147–185.

Byiers, B., Dimian, A. & Symons, F. (2014a). Functional communication training in Rett syndrome: A preliminary study. *American Journal on Intellectual and Developmental Disabilities, 119*, 340–350.

Byiers, B., Tervo, R., Feyma, T. & Symons, F. (2014b). Seizures and pain uncertainty associated with parenting stress and Rett syndrome. *Journal of Child Neurology, 29*, 526–529.

Carter, P., Downs, J., Bebbington, A. et al. (2010). Stereotypical hand movements in 144 subjects with Rett syndrome from the population-based Australian database. *Movement Disorders, 25*, 282–288.

Cass, H., Reilly, S., Owen, L. et al. (2003). Findings from a multidisciplinary clinical case series of females with Rett syndrome. *Developmental Medicine and Child Neurology, 45*, 325–337.

Chou, M.-Y., Chang, N.-W., Chen, C. et al. (2019). The effectiveness of music therapy for individuals with Rett syndrome and their families. *Journal of the Formosan Medical Association, 118*, 1633–1643.

Cianfaglione, R., Clarke, A., Kerr, M. et al. (2015a). A national survey of Rett syndrome: behavioural characteristics. *Journal of Neurodevelopmental Disorders, 7*, 11.

Cianfaglione, R., Hastings, R., Felce, D., Clarke, A. & Kerr, M. (2015b). Psychological well-being of mothers and siblings in families of girls and women with Rett syndrome. *Journal of Autism and Developmental Disorders, 45*, 2939–2946.

Cianfaglione, R., Meek, A., Clarke, A. et al. (2016). Direct observation of the behaviour of females with Rett syndrome. *Journal of Developmental and Physical Disabilities, 28*, 425–441.

Cianfaglione, R., Hastings, R., Felce, D., Clarke, A. & Kerr, M. (2017). Change over a 16-month period in the psychological well-being of mothers of girls and women with Rett syndrome. *Developmental Neurorehabilitation, 20*, 261–265.

Clarkson, T., LeBlanc, J., DeGregorio, G. et al. (2017). Adapting the Mullen Scales of Early Learning for a standardized measure of development in children with Rett syndrome. *Intellectual and Developmental Disabilities, 55,* 419–431.

Conkin, K., Pellicer-Sanchez, A. & Carrol, G. (2018). *Eye-tracking: A guide for applied linguistics research.* Cambridge University Press, Cambridge.

Dahlgren-Sandberg, A., Ehlers, S., Hagberg, B. & Gillberg, C. (2000). The Rett syndrome complex: communicative functions in relation to developmental level. *Autism, 4,* 249–267.

Didden, R., Korzilius, H., Smeets, E. et al. (2010). Communication in individuals with Rett syndrome: an assessment of forms and functions. *Journal of Developmental and Physical Disabilities, 22,* 105–118.

Dieckmann, C. (2010). »Liest du schon oder snoozelst Du noch?« RettLand 24. https://www.rett-bayern.de/f%C3%B6rderungen/unterst%C3%BCtzte-kommunikation/schriftspracherwerb/.

Dieckmann, C. (2018). Unser Leben mit dem Rett-Syndrom. https://www.rett-bayern.de/rett-syndrom/leben-mit-dem-rett-syndrom/eine-besondere-familie/.

Downs, J., Bebbington, A., Jacoby, P. et al. (2008). Gross motor profile in Rett syndrome as determined by video analysis. *Neuropediatrics, 39,* 205–210.

Downs, J., Rodger, J., Li, C. et al. (2018). Environmental enrichment intervention for Rett syndrome: an individually randomised stepped wedge trial. *Orphanet Journal on Rare Diseases, 13,* 3.

Drobnyk, W., Rocco, K., Davidson, S. et al. (2019). Sensory integration and functional reaching in children with Rett syndrome/Rett-related disorders. *Clinical Medicine Insights: Pediatrics, 13.* https://doi.org/10.1177/1179556519871952.

Dunn, L. & Dunn, D. (2015). *Peabody Picture Vocabulary Test – 4. Ausgabe* (Deutsche Bearbeitung von A. Lenhard, W. Lenhard, R. Segerer & S. Suggate). Pearson, Frankfurt.

Dworschak, W. (2012). Schulbegleitung im Förderschwerpunkt geistige Entwicklung an der allgemeinen Schule. Ergebnisse einer bayerischen Studie im Schuljahr 2010/2011. *Gemeinsam leben, 20,* 80–94.

Ehrhart, F., Sangani, N. & Curfs, L. (2018). Current developments in the genetics of Rett and Rett-like syndrome. *Current Opinions in Psychiatry, 31,* 103–108.

Einspieler, C. & Marschik, P. (2019). Regression in Rett syndrome: Developmental pathways to its onset. *Neuroscience & Biobehavioral Reviews, 98,* 320–332.

Elefant, C. (2002). *Enhancing communication in girls with Rett syndrome through songs in music therapy.* Unpublished PhD Thesis, Aalborg University, Aalborg.

Elefant, C. (2015). Music therapy in Rett syndrome. In J. Edwards (Ed.): *The Oxford Handbook of Music Therapy* (210–224). Oxford University Press, Oxford.

Elefant, C. & Wigram, T. (2005). Learning ability in children with Rett syndrome. *Brain and Development, 27,* 97–101.

Erickson, K. & Koppenhaver, D. (2019). *Comprehensive literacy for all: Teaching students with significant disabilities to read and write.* Brookes Publishing, Baltimore.

Fabio, R., Antonietti, A., Castelli, I. & Marchetti, A. (2009). Attention and communication in Rett syndrome. *Research in Autism Spectrum Disorders, 3*, 329–335.

Fabio, R., Castelli, I., Marchetti, A. & Antonietti, A. (2013). Training communication abilities in Rett syndrome through reading and writing. *Frontiers of Psychology, 4*, 911.

Fabio, R., Giannatiempo, S., Oliva, P. & Murdaca, A.-M. (2011). The increase of attention in Rett syndrome: A pre-test/post-test research design. *Journal of Developmental and Physical Disabilities, 23*, 99–111.

Fabio, R., Giannatiempo, S., Semino, M. & Capri, T. (2021). Longitudinal cognitive rehabilitation applied with eye-tracker for patients with Rett syndrome. *Research in Developmental Disabilities, 111*, 103891.

Fabio, R., Semino, M. & Giannatiempo, S. (2022). The GAIRS checklist: a useful global assessment tool in patients with Rett syndrome. *Orphanet Journal of Rare Diseases, 17*, 116.

Fabio, R., Bhattacharya, U., Wei, X. & Canegallo, V. (2023). Reading and writing in severe intellectual disability: A systematic review. *Current Developmental Disorders Report, 10*, 1–13.

Fernald, A., Zangl, R., Portillo, A. & Marchman, V. (2008). Looking while listening: Using eye movements to monitor spoken language comprehension by infants and young children. In I. Sekarina, E. Fernandez & H. Clahsen (Eds.): *Developmental Psycholinguistics: On-line methods in children's language processing* (97–135). John Benjamins, Amsterdam.

Feybesse, C., Chokron, S. & Tordjman, S. (2023). Melatonin in neurodevelopmental disorders: A critical review. *Antioxidants, 12*, 2017.

Fonzo, M., Sirico, F. & Corrado, B. (2020). Evidence-based physical therapy for individuals with Rett syndrome: A systematic review. *Brain Sciences, 10*, 410. https://doi.org/10.3390/brainsci10070410.

Francis, H. & Banai, K. (2011). Effects of »The Listening Program« on children with profound and multiple learning difficulties. *International Journal of Therapy and Rehabilitation, 18*, 611–621.

Frost, L. & Bondy, A. (2002). *The picture exchange communication system training manual. 2nd edition.* Pyramid Educational Products, Newark.

Fu, C., Armstrong, D., Marsh, E. et al. (2020). Consensus guidelines on managing Rett syndrome across the lifespan. *British Medical Journal Paediatric Open, 4*, e000717.

Gao, Z. (2019). *Aufmerksamkeit in der Musiktherapie in der Entwicklungsrehabilitation: eine Mikroanalyse einer Musiktherapie bei Rett-Syndrom.* AV Akademikerverlag, Wien.

Geist, L., Erickson, K., Greer, C. & Hatch, P. (2020). Enhancing classroom-based communication instruction for students with significant disabilities and limited language. *Exceptionality Education International, 30*, 42–54.

Girtler, S., Unholz-Bowden, E., Shipchandler, A., Kolb, R. & McComas, J. (2023). Use of augmentative and alternative communication by individuals with Rett syndrome part 1: Page-linking. *Journal of Developmental and Physical Disabilities*, Published online: 10 april 2023.

Gold, W., Krishnarajy, R., Ellaway, C. & Christodoulou, J. (2018). Rett syndrome: A genetic update and clinical review focusing on comorbidities. *ACS Chemical Neuroscience, 9*, 167–176.

Goldman, S. & Temudo, T. (2012). Hand stereotypies distinguish Rett syndrome from autism disorder. *Movement Disorders, 27*, 1060–1062.

Grimm, H. (2015). *Sprachentwicklungstest für drei- bis fünfjährige Kinder (3;0–5;11 Jahre). SETK 3–5.* Hogrefe, Göttingen.

Grimm, H. (2016). *Sprachentwicklungstest für zweijährige Kinder (2;0–2;11 Jahre). SETK-2.* Hogrefe, Göttingen.

Hackett, S., Morrison, C. & Pullen, C. (2013). A retrospective practice based evaluation of music therapy: A single-case study of a four-year-old girl with Rett syndrome – Rebecca's story. *The Arts in Psychotherapy, 40*, 473–477.

Hagberg, B. (1983). A progressive syndrome of autism, dementia, ataxia, and loss of purposeful hand use in girls: Rett's syndrome. Report of 35 cases. *Annals of Neurology, 14*, 471–479.

Hallbauer, A. (2014). Literacy bei Rett-Syndrom. In U. Braun, A. Koch-Buchtmann & M. Westphal (Hrsg.): *Augenblicke. Unterstützte Kommunikation und Rett-Syndrom* (30–51). Von Loeper, Karlsruhe.

Henn, K., Thum, L., Besler, T., Künster, A., Fegert, J. & Ziegenhain, U. (2014). Schulbegleiter als Unterstützung von Inklusion im Schulwesen. *Zeitschrift für Kinder- und Jugendpsychiatrie und Psychotherapie, 42*, 397–403.

Hetzroni, O. & Rubin, C. (2006). Identifying patterns of communicative behaviors in girls with Rett syndrome. *Augmentative and Alternative Communication, 22*, 48–61.

Hirano, D. & Taniguchi, T. (2018). Skin injuries and joint contractures of the upper extremities in Rett syndrome. *Journal of Intellectual Disability Research, 62*, 53–59.

Hunter, K. (2007). *Rett Syndrome Handbook.* 2nd edition. International Rett Syndrome Association, Clinton.

Irblich, D. (2022). Neuere Testverfahren: Vineland Adaptive Behavior Scales – Third Edition. Deutsche Fassung. *Praxis der Kinderpsychologie und Kinderpsychiatrie, 71*(8), 763–776.

Julien, H., Parker-McGowan, Q., Byiers, B. & Reichle, J. (2015). Adult interpretations of communicative behavior in learners with Rett syndrome. *Journal of Developmental and Physical Disabilities, 27*, 167–182.

Julu, P., Kerr, A., Apartopoulos, F. et al. (2001). Characterisation of breathing and associated central autonomic dysfunction in the Rett disorder. *Archives of Disease in Childhood, 85*, 29–37.

Jurkoweit, A. & Sarimski, K. (2014). Gebrauch alternativer Kommunikationsformen bei Mädchen mit Rett-Syndrom. In U. Braun, A. Koch-Buchtmann & M. Westphal (Hrsg.): *Augenblicke. Unterstützte Kommunikation und Rett-Syndrom* (52–61). Von Loeper, Karlsruhe.

Just, M. (2014). Von oben denken … In U. Braun, A. Koch-Buchtmann & M. Westphal (Hrsg.): *Augenblicke. Unterstützte Kommunikation und Rett-Syndrom* (62–68). Von Loeper, Karlsruhe.

Kane, G. (2018). Diagnose der Verständigungsfähigkeiten bei nicht sprechenden Kindern. In E. Wilken (Hrsg.): *Unterstützte Kommunikation* (18–37). Kohlhammer, Stuttgart.

Kaufmann, W., Tierney, E., Rohde, C. et al. (2012). Social impairments in Rett syndrome: characteristics and relationship with clinical severity. *Journal of Intellectual Disability Research, 56*, 233–247.

Key, A., Venker, C. & Sandbank, M. (2020). Psychophysiological and eye-tracking markers of speech and language processing in neurodevelopmental disorders: New options for difficult-to-test populations. *American Journal on Intellectual and Developmental Disabilities, 125*, 465–474.

Koppenhover, D., Erickson, K.., Harris, B. et al. (2001). Storybook-based communication intervention for girls with Rett syndrome and their mothers. *Disability and Rehabilitation, 23*, 149–159.

Krasileva, K., Sanders, S. & Hus Bal, V. (2017). Peabody Picture Vocabulary Test: Proxy for verbal IQ in genetic studies of autism spectrum disorder. *Journal of Autism and Developmental Disorders, 47*, 1073–1085.

Krause, M. & Petermann, F. (1997). *Soziale Orientierungen von Eltern behinderter Kinder. SOEBEK.* Hogrefe, Göttingen.

Kroeger, K. & Sorensen-Burnworth, R. (2009). Toilet training individuals with autism and other developmental disabilities: A critical review. *Research in Autism Spectrum Disorders, 3*, 607–618.

Lamb, A., Biesecker, B., Umstead, K. et al. (2016). Family functioning mediates adaptation in caregivers of individuals with Rett syndrome. *Patient Education and Counseling, 99*, 1873–1879.

Lancioni, G., Singh, N., O'Reilly, M. et al. (2014). Microswitch-aided programs for a woman with Rett syndrome and a boy with extensive neuro-motor and intellectual disabilitiies. *Journal of Developmental and Physical Disabilities, 26*, 135–143.

Larriba-Quest, K., Byiers, B., Beisang, A., Merbler, A. & Symons, F. (2020). Special education supports and services for Rett syndrome: Parent perceptions and satisfaction. *Intellectual and Developmental Disabilities, 58*, 49–64.

Larsson, G. & Engerström, I. (2001). Gross motor abililty in Rett syndrome – the power of expectation, motivation and planning. *Brain and Development, Suppl 1*, 77–81.

Larsson, G., Lindström, B. & Witt Engerström, I. (2005). Rett syndrome from a family perspective: the Swedish Rett Center survey. *Brain and Development, 27*, S14–S19.

Laubner, M., Lindmeier, B. & Lübeck, A. (2017). *Schulbegleitung in der inklusiven Schule.* Weinheim: Beltz.

Laurvick, C., de Klerk, N., Bower, C. et al. (2006a). Rett syndrome in Australia: a review of the epidemiology. *Journal of Pediatrics, 148*, 347–352.

Laurvick, C., Msall, M., Silburn, S. et al. (2006b). Physical and mental health of mothers caring for a child with Rett syndrome. *Pediatrics, 118*, e1152–1164.

Lavas, J., Slotte, A., Jochym-Nygren, M., van Doorn, J. & Witt Engerström, I. (2006). Communication and eating proficiency in 125 females with Rett syndrome: the Swedish Rett Center survey. *Disability and Rehabilitation, 28*, 1267–1279.

Leber, I. (2017). *Sprachverständnisüberprüfung mit dem iPad.* Vortrag auf dem Kongress der Gesellschaft für Unterstützte Kommunikation e. V., Dortmund.

Leisner, S. (2021). *Schau Hin. Vorsymbolische Kommunikationssignale und motivierende Elemente finden.* Rehavista. www.rehavista.de.

Leonard, H., Feyle, S., Leonard, S. & Msall, M. (2001). Functional status, medical impairments, and rehabilitation resources in 84 females with Rett syndrome: a snapshot across the world from the parental perspective. *Disability and Rehabilitation, 23*, 107–117.

Leonard, H., Gold, W., Samaco, R. et al. (2022). Improving clinical trial readiness to accelerate development of new therapeutics for Rett syndrome. *Orphanet Journal of Rare Diseases, 17*, 108.

Lewis, J. & Wilson, D. (2013). *Pathways to learning in Rett syndrome.* 2nd edition. Fulton, London.

Light, J. & McNaughton, D. (2020). Literacy intervention for individuals with complex communication needs. In D. Beukelman & J. Light (Eds.): *Augmentative and alternative communication: Supporting children and adults with complexe communication needs* (427–481). Brookes Publishing, Baltimore.

Lim, J., Greenspoon, D., Hunt, A. & McAdam, L. (2020). Rehabilitation interventions in Rett syndrome: a scoping review. *Developmental Medicine and Child Neurology, 62*, 906–916.

Lindberg, B. (1991). *Rett-Syndrom. Eine Übersicht über psychologische und pädagogische Erfahrungen.* WUV Universitätsverlag, Wien. (dt. Übersetzung von: Understanding Rett Syndrome. Hogrefe, Toronto).

Lotan, M. (2006). Rett syndrome. Guidelines for individual intervention. *Scientific World Journal, 6*, 1504–1516.

Lotan, M. & Barnatz, C. (2009). Hydrotherapy for a young child with Rett syndrome. Review of the literature and a case study. *International Journal on Disability and Human Development, 8*, 349–358.

Lotan, M., Downs, J. & Elevant, C. (2021). A pilot study delivering physiotherapy support for Rett syndrome using a telehealth framework suitable for COVID-19 lockdown. *Developmental Neurorehabilitation, 24*, 429–434.

Lotan, M. & Gootman, A. (2012). Regaining walking ability with Rett syndrome. A case study. *International Journal on Disability and Human Development, 11*, 163–169.

Lotan, M. & Hanks, S. (2006). Physical therapy intervention for individuals with Rett syndrome. *Scientific World Journal, 6*, 1314–1338.

Lotan, M., Isakov, E. & Merrick, J. (2004). Improving functional skills and physical fitness in children with Rett syndrome. *Journal of Intellectual Disability Research*, 48, 730–735.

Lotan, M., Schenker, R., Wine, J. & Downs, J. (2012). The conductive environment enhances gross motor function of girls with Rett syndrome: A pilot study. *Developmental Neurorehabilitation*, 15, 19–25.

Mackay, J., Downs, J., Wong, K. et al. (2017). Autonomic breathing abnormalities in Rett syndrome: caregiver perspectives in an international database study. *Journal of Neurodevelopmental Disorders*, 9, 15.

Maes, B., Penne, A., Vastmans, K. & Arthur-Kelly, M. (2020). Inclusion and participation of students with profound intellectual and multiple disabilities. In M. Nind & I. Strnadova (Eds.): *Belonging for people with profound intellectual and multiple disabilities. Pushing the boundaries of inclusion* (41–58). Routledge, London.

Malton, L. (2015). *Brief an meine Schwester*. 2. Auflage. Aufbau Verlag, Berlin.

Malzer, R. (2014). Heute gebe ich mal den Ton an! In U. Braun, A. Koch-Buchtmann & M. Westphal (Hrsg.): *Augenblicke. Unterstützte Kommunikation und Rett-Syndrom* (83–98). Von Loeper, Karlsruhe.

Malzer, R. (2021). *Think big – komplexe Kommunikationshilfen von Anfang an*. UK-Couch. https://uk-couch.de/downloads/think-big-kompexe-kommunikationshilfen-von-anfang-an-mit-romana-malzer/.

McArthur, A. & Budden, S. (1998). Sleep dysfunction in Rett syndrome: a trial of exogenous melatonin treatment. *Developmental Medicine and Child Neurology*, 40, 186–192.

McGraw, S., Smith-Hicks, C., Nutter, J., Henne, J. & Abler, V. (2023). Meaningful improvements in Rett syndrome: A qualitative study of caregivers. *Journal of Child Neurology*, 38, 270–282.

McNaughton, D. & Light, J. (2013). The iPad and mobile technology revolution: Benefits and challenges for individuals who require augmentative and alternative communication. *Augmentative and Alternative Communication*, 29, 107–116.

Monteiro, C., Savelsbergh, G., Smorenburg, A. et al. (2014). Quantification of functional abilities in Rett syndrome: a comparison between stages III und IV. *Neuropsychiatric Diseases and Treatment*, 10, 1213–1222.

Mori, Y., Downs, J., Wong, K. & Leonard, H. (2019). Longitudinal effects of caregiving on parental well-being: the example of Rett syndrome, a severe neurological disorder. *European Child and Adolescent Psychiatry*, 28, 505–520.

Motil, K., Caeg, E., Barrish, J. et al. (2012). Gastrointestinal and nutritional problems occur frequently throughout life in girls and women with Rett syndrome. *Journal of Pediatric Gastroenterology and Nutrition*, 55, 292–298.

Mount, R., Charman, T., Hastings, R., Reilly, S. & Cass, H. (2002). The Rett Syndrome Behaviour Questionnaire (RSBQ): refining the behavioural phenotype of Rett syndrome. *Journal of Child Psychology and Psychiatry*, 43, 1099–1110.

Mount, R., Hastings, R., Reilly, S., Cass, H. & Charman, T. (2003). Towards a behavioural phenotype of Rett syndrome. *American Journal on Mental Retardation, 108*, 1–12.

Müller, B., Hornig, S. & Retzlaff, R. (2007). Kohärenz und Ressourcen in Familien von Kindern mit Rett-Syndrom. *Frühförderung interdisziplinär, 26*, 3–14.

Munde, V., Vlaskamp, C. & Ter Haar, A. (2016). Social-emotional instability in individuals with Rett syndrome: parents' experiences with second stage behaviour. *Journal of Intellectual Disability Research, 60*, 43–53.

Neul, J., Benke, T., Marsh, E. et al. (2023). Top caregiver concerns in Rett syndrome and related disorders: data from the US natural history study. *Journal of Neurodevelopmental Disorders, 15*, 33.

Neul, J., Fang, P., Barrish, J. et al. (2008). Specific mutations in methyl-CpG-binding protein 2 confer different severent severity in Rett syndrome. *Neurology, 70*, 1313–1321.

Neul, J., Kaufmann, W., Glaze, D. et al. (2010). Rett syndrome: revised diagnostic criteria and nomenclature. *Annals of Neurology, 68*, 944–950.

Neul, J., Lane, J., Lee, H. et al. (2014). Developmental delay in Rett syndrome: data from the natural history study. *Journal of Neurodevelopmental Disorders, 6*, 20.

Nind, M. & Strnadova, I. (2020). *Belonging for people with profound intellectual and multiple disabilities. Pushing the boundaries for inclusion*. Routledge, London.

Oberman, L., Leonard, H., Downs, J. et al. (2023). Rett Syndrome Behaviour Questionnaire in children and adults with Rett syndrome: Psychometric characterization and revised factor structure. *American Journal of Intellectual and Developmental Disabilities, 128*, 237–253.

Oddy, W., Webb, K., Baikie, G. et al. (2007). Feeding experiences and growth status in a Rett syndrome population. *Journal of Pediatric Gastroenterology and Nutrition, 45*, 582–590.

Oliver, C., Murphy, G., Crayton, L. & Corbett, J. (1993). Self-injurious behavior in Rett syndrome: Interactions between features of Rett syndrome and operant conditioning. *Journal of Autism and Developmental Disorders, 23*, 91–109.

Palacios-Cena, D., Famoso-Perez, P., Salom-Moreno, J. et al. (2018). »Living an obstacle course«: A qualitative study examining the experiences of caregivers of children with Rett syndrome. *International Journal of Environmental Research and Public Health, 16*, 41.

Panayotis, N., Ehinger, Y., Solenne Felix, M. & Roux, J.-C. (2023). State-of-the-art therapies for Rett syndrome. *Developmental Medicine and Child Neurology, 65*, 162–170.

Percy, A., Neul, J., Benke, T., Marsh, E. & Glaze, D. (2023). A review of the Rett Syndrome Behaviour Questionnaire and ist utilization in the assessment of symptoms associated with Rett syndrome. *Frontiers in Pediatrics, 11*, 1229553.

Perry, A., Sarlo-McGarvey, N. & Factor, D. (1993). Family stress in Rett syndrome. *Journal of Autism and Developmental Disorders, 23*, 159–166.

Petermann, F. (2016). *Sprachstandserhebung für Kinder im Alter zwischen 3 und 5 Jahren. SET 3–5.* Hogrefe, Göttingen.
Petriti, U., Dudman, D., Scosyrev, E. & Lopez-Leon, S. (2023). Global prevalence of Rett syndrome: systematic review and meta-analysis. *Systematic Reviews, 12*, 5.
Piazza, C., Anderson, C. & Fisher, W. (1993). Teaching self-feeding skills to patients with Rett syndrome. *Developmental Medicine and Child Neurology, 35*, 991–996.
Pidcock, F., Salorio, C., Bibat, G. et al. (2016). Functional outcomes in Rett syndrome. *Brain and Development, 38*, 76–81.
Quest, K., Byiers, B., Payen, A. & Symons, F. (2014). Rett syndrome: a preliminary analysis of stereotypy, stress, and negative affect. *Research in Developmental Disabilities, 35*, 1191–1197.
Qvarfordt, I., Witt-Engerström, I. & Eliasson, A.-C. (2009). Guided eating or feeding: Three girls with Rett syndrome. *Scandinavian Journal of Occupational Therapy, 16*, 33–39.
Raspa, M., Bann, C., Gwaltney, A. et al. (2020). A psychometric evaluation of the Motor-Behavioral Assessment Scale for use as an outcome measure in Rett syndrome clinical trials. *American Journal of Intellectual and Developmental Disabilities, 125*, 493–509.
Reichow, B., George-Puskar, A., Lutz, T., Smith, I. & Volkmar, F. (2015). Brief report: systematic review of Rett syndrome in males. *Journal of Autism and Developmental Disorders, 45*, 3377–3383.
Remde, B. (2014). Ein Tag in der Schule. In U. Braun, A. Koch-Buchtmann & M. Westphal (Hrsg.): *Augenblicke. Unterstützte Kommunikation und Rett-Syndrom* (99–102). von Loeper, Karlsruhe.
Rett, A. (1966). *Über ein zerebral-atrophisches Syndrom bei Hyperammonämie.* Hollinek, Wien.
Retzlaff, R. (2007). Families of children with Rett-syndrome: Stories of coherence and resilience. *Families, Systems, and Health, 25*, 246–262.
Retzlaff, R. (2016). *Familien-Stärken.* 3. Auflage. Klett-Cotta, Stuttgart.
Retzlaff, R., Hornig, S., Müller, B., Reuner, G. & Pietz, J. (2006). Kohärenz und Resilienz in Familien mit geistig und körperlich behinderten Kindern. *Praxis der Kinderpsychologie und Kinderpsychiatrie, 55*, 36–52.
Roana, H., Piazza, C., Sgro, G., Volkert, V. & Anderson, C. (2001). Analysis of aberrant behaviour associated with Rett syndrome. *Disability and Rehabilitation, 23*, 139–148.
Roidi, M., Isaias, I., Cozzi, F. et al. (2019). A new scale to evaluate motor function in Rett syndrome: Validation and psychometric properties. *Pediatric Neurology, 100*, 80–86.
Rose, S., Wass, S., Jakowski, J., Feldman, J. & Djukic, A. (2017). Sustained attention in the face of distractors: a study of children with Rett syndrome. *Neuropsychology, 31*, 403–410.
Rose, S., Wass, S., Jankowski, J., Feldman, J. & Djukic, A. (2019). Attentional shifting and disengagement in Rett syndrome. *Neuropsychology, 33*, 335–342.

Rose, S., Wass, S., Jankowski, J. & Djukic, A. (2021). Measures of attention in Rett syndrome: Internal consistency reliability. *Neuropsychology, 35*, 595–608.

Rowland, C. (2011). Using the communication matrix to assess expressive skills in early communicators. *Communication Disorders Quarterly, 32*, 190–201.

Sansom, D., Krishnan, V., Corbett, J. & Kerr, A. (1993). Emotional and behavioural aspects of Rett syndrome. *Developmental Medicine and Child Neurology, 35*, 340–345.

Sarimski, K. (2003a). Rett-Syndrom: Individuelle Variabilität in Entwicklungs- und Verhaltensmerkmalen und psychosoziale Belastung. *Zeitschrift für Kinder- und Jugendpsychiatrie, 31*, 123–132.

Sarimski, K. (2003b). Rett-Syndrom. Belastungen und Perspektiven der Eltern bei einer besonderen Diagnose. *Frühförderung interdisziplinär, 22*, 101–110.

Sarimski, K. (2014). *Entwicklungspsychologie genetischer Syndrome.* 4., vollständig überarbeitete Auflage. Hogrefe, Göttingen.

Sarimski, K. (2021). *Familien mit behinderten Kindern.* Hogrefe, Göttingen.

Scholz, M. & Renner, G. (2017). Verfahrensinformation zur Communication Matrix (dt. Die Kommunikationsmtatrix). Pädagogische Hochschule Ludwigsburg, Ludwigsburg. https://creativecommons.org/licenses/by-nc-nd/4.0/deed.de.

Scholz, M., Wagner, M., Stegkemper, J., Haag, K. & Herale, P. (2022). *BKF-R. Beobachtungsbogen zu kommunikativen Fähigkeiten.* Revision. https://www.bkf-r.de.

Schreiber, V. & Sevenig, H. (2017). *DiaKomm Diagnostik und Kommunikationsförderung.* Von Loeper, Karlsruhe.

Semmel, E., Fox, M., Na, S. et al. (2019). Caregiver- and clinician-reported adaptive functioning in Rett syndrome: A systematic review and evaluation of measurement strategies. *Neuropsychology Review, 29*, 465–483.

Sigafoos, J., Green, V., Schlosser, R. & O'Reilly, M. (2009). Communication intervention in Rett syndrome: A systematic review. *Research in Autism Spectrum Disorders, 3*, 304–318.

Sigafoos, J., Kagohara, D., van der Meer, L. et al. (2011). Communication assessment for individuals with Rett syndrome: a systematic review. *Research in Autism Spectrum Disorders, 5*, 692–700.

Sigafoos, J., Roche, L., O'Reilly, M., Lancioni, G. & Marschik, P. (2023). Updated systematic-narrative review on communication intervention in Rett syndrome: 2010–2022. *Augmentative and Alternative Communication, 39*, 241–255.

Singh, J., Lanzarini, E., Nardocci, N. & Santosh, P. (2021). Movement disorders in patients with Rett syndrome: A systematic review of evidence and associated clinical considerations. *Psychiatry & Clinical Neurosciences, 75*, 369–393.

Skotko, B., Koppenhaver, D. & Erickson, K. (2004). Parent reading behaviors and communication outcomes in girls with Rett syndrome. *Exceptional Children, 70*, 145–166.

Smith, T., Klevstrand, M. & Lovaas, I. (1995). Behavioral treatment of Rett's disorder: Ineffectiveness in three cases. *American Journal on Mental Retardation, 100*, 317–322.

Smeets, E. (2021). Rett syndrome. In J. Carey, A. Battaglia, D. Viskochil & S. Cassidy (Eds.): *Cassidy and Allanson's Management of Genetic Syndromes*. 4th edition (791–806). Wiley, Hoboken.

Sparrow, S., Cicchetti, D. & Saulnier, C. (2021). *Vineland Adaptive Behavior Scales – Third Edition*. Dt. Fassung in Zusammenarbeit mit A. von Gontard, C. Wagner, J. Hussong & H. Mattheus. Pearson, Frankfurt.

Stallworth, J., Dy, M., Buchanan, C. et al. (2019). Hand stereotypies: Lessons from the Rett syndrome national history study. *Neurology, 92*, e2594–e2603.

Stasolla, F. & Caffo, A. (2013). Promoting adaptive behaviors by two girls with Rett syndrome through a microswitch-based program. *Research in Autism Spectrum Disorders, 7*, 1265–1272.

Stasolla, F., Caffo, A., Perilli, V. & Albano, V. (2019). Experimental examination and social validation of a microswitch intervention to improve choice-making and activity engagement for six girls with Rett syndrome. *Developmental Neurorehabilitation, 22*, 527–541.

Stasolla, F., De Pace, C., Damiani, R. & Di Leone, A. (2014). Comparing PECS and VOCA to promote communication opportunities and to reduce stereotyped behaviors by three girls with Rett syndrome. *Research in Autism Spectrum Disorders, 8*, 1269–1278.

Townend, G., Bartolotta, T., Urbanowicz, A., Wandin, H. & Curfs, L. (2020a). *Rett syndrome communication guidelines: a handbook for therapists, educators and families*. Maastricht University, Maastricht. https://cris.maastrichtuniversity.nl/en/publications/rett-syndrome-communication-guidelines-a-handbook-for-therapists-.

Townend, G., Bartolotta, T., Urbanowicz, A., Wandin, H. & Curfs, L. (2020b). Development of consensus-based guidelines for managing communication in individuals with Rett syndrome. *Augmentative and Alternative Communication, 36*, 71–81.

Townend, G., Marschik, P., Smeets, E. et al. (2016). Eye gaze technology as a form of augmentative and alternative communication for individuals with Rett syndrome: Experiences of families in the Netherlands. *Journal of Developmental and Physical Disabilities, 28*, 101–112.

Tröster, H. (2011). *Eltern-Belastungs-Inventar (EBI)*. Hogrefe, Göttingen.

Unholz-Bowden, E., Girtler, S., Shipchandler, A., Kolb, R. & McComas, J. (2023). Use of augmentative and alternative communication by individuals with Rett syndrome part 2: High-tech and low-tech modalities. *Journal of Developmental and Physical Disabilities*, 1–21.

Urbanowicz, A., Leonard, H., Girdler, S., Ciccone, N. & Downs, J. (2016a). Parental perspectives on the communication abilities of their daughters with Rett syndrome. *Developmental Neurorehabilitation, 19*, 17–25.

Urbanowicz, A., Downs, J., Girdler, S., ciccone, N. & Leonard, H. (2016b). An exploration of the use of eye gaze and gestures in females with Rett syndrome. *Journal of Speech, Language and Hearing Research, 59*, 1373–1383.

Vessoyan, K., Steckle, G., Easton, B. et al. (2018). Using eye-tracking technology for communication in Rett syndrome: perceptions of impact. *Augmentative and Alternative Communication, 34*, 230–241.

Vignoli, A., Fabio, R., La Briola, F. et al. (2010). Correlations between neurophysiological, behavioral, and cognitive function in Rett syndrome. *Epilepsy & Behavior, 17*, 489–496.

Vignoli, A., La Briola, F. & Canevini, M. (2009). Evolution of stereotypies in adolescents and women with Rett syndrome. *Movement Disorders, 24*, 79–83.

von Dalwigk, A. & Schwibs, S. (2004). Rett-Syndrom. *Musik-, Tanz- und Kunsttherapie, 15*, 90–91.

Wahl, M., Zeidler, T. & Hünermund, H. (2014). Unterstützte Kommunikation und CDKL5 – eine Untersuchung mit Umfrage. *LOGOS, 22*, 179–189.

Wales, L., Charman, T. & Mount, R. (2004). An analogue assessment of repetitive hand behaviours in girls and young women with Rett syndrome. *Journal of Intellectual Disability Research, 48*, 672–678.

Wandin, H., Lindberg, P. & Sonnander, K. (2015). Communication intervention in Rett syndrome: a survey of speech language pathologists in Swedish health services. *Disability and Rehabilitation, 37*, 1324–1333.

Ward, C., Chiat, S. & Townend, G. (2021). A comparison of formal and informal methods for assessing language and cognition in children with Rett syndrome. *Research in Developmental Disabilities, 114*, 103961.

Westphal, M. (2014). Jeder Mensch ist anders. In U. Braun, A. Koch-Buchtmann & M. Westphal (Hrsg.): *Augenblicke. Unterstützte Kommunikation und Rett-Syndrom* (148–161). Von Loeper, Karlsruhe.

Wilke, M. (2020). Partnerstrategien in der UK. In J. Boenisch & S. Sachse (Hrsg.): *Kompendium Unterstützte Kommunikation* (217–223). Kohlhammer, Stuttgart.

Young, D., Nagarajan, L., de Klerk, N. et al. (2007). Sleep problems in Rett syndrome. *Brain and Development, 29*, 609–616.